新加坡
最佳教育
图书奖

万万没想到

50个趣味冷知识

[斯里兰卡] 努雷·维塔奇 / 著
张司普 / 绘
蔡炎 / 译

世界图书出版公司
西安　北京　上海　广州

图书在版编目（C I P）数据

万万没想到 ：50个趣味冷知识 / （斯里）努雷·维塔奇（Nury Vittachi）著；张司普绘；蔡炎译. — 西安：世界图书出版西安有限公司，2023.1

书名原文：The First of Everything

ISBN 978-7-5192-9518-9

Ⅰ. ①万… Ⅱ. ①努… ②张… ③蔡… Ⅲ. ①科学知识－少儿读物 Ⅳ. ①Z228.1

中国版本图书馆CIP数据核字(2022)第067890号

书　　名	万万没想到 ：50个趣味冷知识	网　　址	http://www.wpcxa.com
书名原文	The First of Everything	邮　　箱	xast@wpcxa.com
著　　者	[斯里兰卡]努雷·维塔奇	经　　销	新华书店
绘　　者	张司普	印　　刷	陕西瑞升印务有限公司
译　　者	蔡　炎	成品尺寸	150mm×230mm　1/16
策　　划	马可为	印　　张	13.5
责任编辑	李　钰　吴谭佳子	字　　数	150千字
项目编辑	吕妮娜	版　　次	2023年1月第1版
美术编辑	吴　彤	印　　次	2023年1月第1次印刷
出版发行	世界图书出版西安有限公司	国际书号	ISBN 978-7-5192-9518-9
地　　址	西安市雁塔区曲江新区汇新路355号	版权登记	25-2022-058
邮　　编	710061	定　　价	49.80元
电　　话	029-87233647（市场营销部） 029-87234767（总编室）		

目 录

第三章

第四章

第五章

第六章

第七章

第八章

图书馆午休问答赛

科学研究绝非一些人认为的那样，只是去发现或了解现实。想要做好科学研究，我们需要独立思考，对自己的所思所想重新进行组合，才可能获得新奇而有意思的结论。

图书馆的门突然开了。

一个小女孩，急匆匆地走进来。

她递来一张折好的字条。打开后，我看到上面写着一个奇

妙的问题：谁是最早的沙发土豆？

这本书的主题是“万物之初”，所有问题将围绕万物的起源展开。

问题是科学探究的起点，事物的发展是在不断提出问题和解答问题的循环过程中不断前进的。要回答问题，我们必须要完成以下三个步骤。

第一步：确定主题

我们必须围绕一个令人感兴趣的主题，要使其简洁明了，便于回答并充满趣味性。有人说主题必须有实用性，对此我并不认可，因为我不想受到这个条件的限制。

第二步：阅读与主题相关的资料并收集最新信息

在这一步中，我们需要查阅各种文献资料。我们查阅与主题相关的资料，收集最新信息，以特定方式将其组合，重新诠释研究成果，来为接下来的讨论做准备。

第三步：公布研究成果

研究者经常说：“我们将公布新奇的研究成果。”他们会选择“新奇”这个词，而不是“新”。

现在，我们研究的内容是万物的起源，我们的独特之处在于所有答案都以故事形式呈现。

现在就让我们试着回答第一个问题。

故事1

最早的沙发土豆

谁是最早的沙发土豆?

亚历克萨（Alexa），13岁

这是一个很有趣的问题！起初我觉得这是一个无法回答的问题，后来我们还是决定试一试。

首先，我们决定扩大主题涉及的范围，即查询床上用品的发展史，以此来探索最早的舒适型家具是什么。

然后，我们重新查阅文献资料，在百科全书中和互联网上查询、搜索与沙发、床和椅子的发展历史相关的文献资料，信息内容越多越好，越丰富越好。

半个小时很快就过去了，我们还没有找到合适的资料和信息。

不！我们没有放弃，我们想先完成第三步，找到一个有趣并值得分享的故事。

我们继续查阅资料，在互联网上搜索到与一项科学发现相关的信息，从中我们获得了所需要的答案。

这也是我们在图书馆午休问答赛结束时要分享的一个故事。

让人们惊讶不已的杂草堆……

在原始部落，人们躺在杂草堆上睡觉。父母和孩子们都睡在一起。当孩子们渐渐长大，睡觉的地方变得越来越拥挤。这时，母亲就要安排最大的孩子在另外一个地方睡觉。

故事大约发生在77 000年前南非海岸线上的斯布都洞穴附近的原始人类部落。这个故事可以证明，早期人类能以现代人的思维方式来学习技能。

每个部落都有一些智者和长者，他们会教长大的孩子们如何布置睡觉的地方。

- 首先，准备一堆莎草，这种草的特别之处是其横切面呈三角形。

- 然后，在这堆莎草上铺上外观很像小麦的单子叶植物。

- 最后，再用月桂树树叶覆盖。这样，一张柔软又舒适的床就做好了。这张床气味宜人，人们躺在上面睡觉，还不会受到蚊虫的侵扰。

据记载，有人居然在砂岩悬崖中，制作了这样一张舒适的床。这张床隐蔽得非常好，不仅避开了风雨的侵蚀，也避免了其他人和动物的打扰，一直保留至今。现代考古学家们发现后如获至宝。

一开始，考古学家们并不知道这是世界上最早的床，他们以为这不过是一堆由灰尘和各种干枯植物混在一起的杂物而已。

更加匪夷所思的是，在这张床上，考古学家们竟然发现了石屑和烧焦的骨头碎片。由此推断出，制作这张床的人不仅在床上休息，也会在床上完成其他活动，比如手工制作石器和用火来烤制食物。

这一切都说明，很久以前的原始部落就已经有“沙发土豆”了！

通过这个例子，我们就能知道，在图书馆午休问答赛中，我们是如何针对一个问题给出答案的。

如果你在学习中喜欢刨根问底，请仔细阅读本书的最后一章，了解如何在研究中规避风险。

请继续阅读。

还有一些奇奇怪怪的问题，我们将一一作答，并分享一些有趣的故事。你或许会喜欢上这一切，并在自己的学校里也组织一场类似的图书馆午休问答赛！

什么是沙发土豆？

沙发土豆(couch potato)，指的是那些拿着遥控器，蜷在沙发上，跟着电视节目转的人。他们什么事都不干，只会在沙发上看电视。这个词最早诞生在美国，描述了电视对人们生活方式的影响。

想象一下，一个人长时间坐在沙发上，就如土豆一样一动不动，时间长了，人也像土豆一样胖胖圆圆的。这样一想，这个词的形容还是很贴切的。

第一章

史前人类的
6 个故事

最早的人类

谁是第一个人？

萨莉（Sally），11岁

一开始就碰到一个难题！

作为科学家和哲学家，我可能会回答：“宇宙”或著名科学家马克斯·普朗克口中的“伟大先知”。那么，答案到底是什么呢？我们甚至可以说大自然自身具有生命力，像一个人一样，吃完早餐后，思想意识开始活跃，并慢慢变得丰富！

但考虑到萨莉的年龄，我认为，很可能她想知道“谁是第一个和我们普通人一样的人”，所以我们只需要关注并找到这样的一个人即可。

为了回答这个问题，我们需要：

去图书馆查阅相关资料，

用互联网搜索相关信息。

我们在书籍、科学杂志里和互联网上，查阅并浏览了大量关于“早期人类”的信息。我们将“史前”和“人类学”作为关键字进行搜索。这些信息中提到很多类似于黑猩猩的

猿类动物，浑身遍布毛发，它们一点都不像人类，属于猿类。

究竟专家们是对的，还是普通人是对的？

查阅了更多资料，并与老师们和团队其他成员讨论后，我们发现两者都有可取之处。

专家们用“人类”这个词来指与我们有亲缘关系的类人猿。这些类人猿看起来像猿类，但其头部和身体其他部位的细微之处都表明其正在进化中，正在变得越来越接近现在的人类，所以专家们说的有一定道理。

多数普通人用“人类”这个词来指与我们一模一样的社会人。这个观点也具有一定的合理性，可能这也与萨莉的想法一致。

第一个和我们一模一样的人是谁呢？在书籍和互联网上都能查询并搜索到相关信息。

外表接近于现代人的人类至少已存在180 000年。外表、思想和举止行为都接近于现代人的人类出现的时间要晚得多。如果想阅读相关资料，可以从两个族群入手，第一族群被称为“解剖学上的现代人”，第二族群被称为“行为学上的现代人”。

第二个族群就是像我们一样的人类族群，40 000年前他们在地球上广泛分布并繁衍生息。他们最早出现在什么时候？一些专家说大约50 000年前，还有一些专家认为要早于这个时间点。

我们还查阅到一些谈及思维方式接近于现代人的早期人类的文章，从中，我们找到一个故事，准备分享给大家。

一个可以看到未来的女孩……

她很不合群，人们觉得她不仅古怪，还深不可测。

那时的人们只有称谓，没有名字。她很可能会被称为“先知”，因为人们觉得她可以看到其他人无法看到的未来。

有大量的资料表明，大约在50 000年前，类人猿开始用双脚直立行走，并兴起“认知革命”，即人类大脑处理信息方式的革命。

科学家们认为，进化过程中，在一批婴儿的大脑中，首先出现“认知革命”。这样的人极有可能成为上面提到的“先知”。

先知给那时的人们带来了什么？

想象力！

在此之前，如果人们想谈论一头水牛，他们要找到一头水牛，并用手指着它，再开始谈论。

但是，先知可以坐在家里，在脑海中想象一头水牛。她可以发出类似水牛的声音，还可以在地上用线条画出一头水牛的轮廓。

科学家称其为“象征性思维”，因为一种声音、一张图片或一个手势都可以象征一些并不在眼前的东西。

作为“认知革命”的一部分，先知还可以思考抽象概念。抽象概念实际上是一些非常真实的东西，通常也非常重要，但你无法将其捡起并放入口袋。例如幸福，还有亲情、友谊、快乐、自由、知识和希望等。先知可以通过复杂的语言、唱歌、

跳舞或绘画来向他人描述并表达这些抽象概念。

“认知革命”前的100多万年当中，那些双脚直立行走，被称为原始人类的类人猿，最多只能制作锋利的石器。像先知这样的人类出现后，人类才能够创造音乐、象征艺术、仪式、复杂的语言、舞蹈、精细工具，以及大型结构和其他复杂形态的事物。

在这个女孩出生前的数百万年里，整个世界几乎没有什么变化。在她出生后的50 000年间，整个世界发生了天翻地覆的变化。

故事3

最早的衣服

谁是第一个穿衣服的人？

阿米塔巴（Amithaba），9岁

我们采用各种材料，将其加工处理、裁剪成型后，做成与人类躯干和四肢匹配并达到保温和美观效果的物品，我们将其称为衣服。

一项互联网搜索结果显示，研究人员在考古挖掘中发现的一些元素可以作为从前人类会用某些材料将自己包裹起来的证据，比如缝纫制品碎片或衣虱（一种寄生虫）的遗骸。那么缝纫制品和衣虱哪个更古老呢？

一份材料中提到：一组科学家发现了170 000年前死亡的衣虱遗骸；另一组研究人员发现，冰河时代可能始于180 000年前。

因此，各种直立行走类人猿很可能在冰河时代就已经开始用动物毛皮包裹自身，以此来取暖，包括下文中提到的尼安德特人。上述研究也表明，衣虱在其后出现。

但这些动物毛皮可以算作衣服吗？

也许不算。

研究人员认为这些动物毛皮仅作包裹或捆绑之用，并非经过裁剪、缝制成型的衣服。

我们搜索了更多内容，并查询在线考古学期刊。

最后，我们看到一份考古发现的报道，并得到一个50 000年前与衣服有关的故事。

镶有动物毛皮衣服的来历

这里很冷，非常冷。

有一家人生活在西伯利亚一个林木茂密的极寒之地，这个地方现在被我们称为丹尼索瓦。

森林里有一个洞穴，这些原始人群居在这个洞穴中。

但是，人们不能一直待在洞穴这样的庇护所里。即使在冬天，他们也要外出打猎。那么，该如何面对这凛冽的寒风呢？

多年以来，人们一直用动物毛皮包裹自己的躯干和四肢，有时他们会将成片的动物毛皮绑在一起。不仅人类，还有其他异于人类的直立行走的类人猿也会使用动物毛皮保暖。

有一名叫塞玛的女性，有点像前一个故事中的先知，她提出这样一个想法：如果用植物纤维把几片动物毛皮拼在一起，会有什么样的效果呢？如果这样操作，我就可以给在雪地里打猎的男人们提供保暖的“衣服”。

于是塞玛发明了裤子。做裤子和夹克不像想象起来那么容易，因为没有缝纫工具。但是，塞玛的手里有一根骨头，她将这块骨头的一端钻了一个洞，另一端削尖。这样这根骨头就变成了一根有线孔的骨针。利用这个简单的工具，她把很多片毛皮缝制在一起，做出一件很棒的“衣服”。这种精心缝制的衣服挡住了寒风，让在雪地里打猎的人们感到温暖如春。

她和她的后代对衣服不断加以改进。他们发现，如果在袖

口和领口衬上厚厚的毛皮，风就不会吹进衣服。后来，他们还发明了扣件和纽扣。这些看似微不足道的发明，让他们能够制作更为复杂且实用的衣服，也正因为如此，他们比其他原始人类族群具有更多的优势，能够在严峻的环境中生存下来，其他的族群现在都已消失。

50 000年后，考古学家对位于丹尼索瓦的洞穴进行考古挖掘。

洞穴中的遗迹显示，像我们这样的人类曾经在那里生活过，还有其他接近于我们的族群也曾经在那里生活过。比如尼安德特人曾在那里生活，被研究人员称为丹尼索瓦人的神秘原始人族群也曾在那里生活过。

2016年一名考古学家在丹尼索瓦的洞穴中进行考古研究时发现一个像长木片的物体，当拂去上面厚厚的沉积物后，他们才发现这个物体原来是一根雕刻精美的骨针。

我们可以想象一下，塞玛坐在洞口，用这根骨针缝制袖子或裤腿，嘴角露出欣慰的笑容。

时至今日，你仍然可以看到人们穿着袖子或领口上有动物毛皮装饰的夹克。你可能会认为这是一种现代“潮人”时装，但其实这种夹克是一种最古老的时装！

故事4

最早的画家

最早的画家生活在哪里？

承义（Seung-yee），12岁

我们在这个问题上发现了两个难点。

第一，一些专家认为任何刻意创作的线条都可以作为艺术品。例如，在印度尼西亚发现了一个画“之”字形线条的贝壳，制作于430 000年前。有人把尼安德特人绘制的各种符号，也称为艺术品。还有一些专家提出异议：他们认为简单的线条，包括几何形状的线条，不能全部都作为艺术品来看待。但达成共识的是：图形，比如绘制动物形象的图形，可以被称为艺术品。

第二，我们很快发现，在查阅和搜索资料的过程中，我们无法准确说出最早的画家是谁，但我们可以说出谁创作了现存最古老的绘画作品。

在互联网上的一份考古期刊中，我们找到了答案。

我们将和大家一起分享这个故事。

一次永载人类绘画史的家庭集体出游

很久以前，一个孩子和她的家人一起出游，他们的目的地是印度尼西亚苏拉威西岛上的一个洞穴。在游玩过程中，他们想通过一种独特的方式，用水和颜料，在洞穴中的岩石上绘制图形。

你也可以用这种方式来绘制一幅作品：将水含在嘴中，把手放在一面干燥平坦的石墙或岩石上，用嘴将水向着手背用力喷出，然后拿开手，你会看到石墙上或岩石上有一幅你的手形的轮廓图。

如果没有使用颜料，图形将很快消失。他们使用颜料，可能希望自己的作品可以长期保存。

或许他们把嘴当作一个水壶，来制作自己手形的轮廓图。不久，石墙上便出现了一只小手和几只大

手，其中有一只手缺了一根手指。

还有一名家庭成员用颜料画了一幅画，画中有一种名叫毛鹿豚的动物，当地人也叫它猪鹿。

这些绘画作品看起来棒极了！

他们肯定想不到，这些作品在40 000多年之后，仍然清晰可见！

这个来自印度尼西亚的家庭，有一种极其特殊的身份：世界上已知最古老的动物岩画创作者，也就是永载人类绘画史的画家。

故事5

最早的宠物狗

第一只宠物狗叫什么？

玛妮（Marnie），8岁

这里还有一个我们目前无法回答的问题。

狗是从狼进化而来的吗？那么什么时候有了第一条狗？

我们通过多种途径搜索信息，发现了一篇冗长且让人费解的文章，内容是关于狗的逐渐被驯化，即狗成为人类生活一部分的过程。但这篇文章对早期的狗只字未提。

我们不得不继续阅读更多资料，并在互联网上继续搜索，直到我们看到普瑞莫斯蒂考古挖掘项目的报告。

超越生命的友谊

大约在26 000年前的史前时代，在欧洲捷克，普雷斯莫斯蒂的山坡上，生活着一些捕食长毛象的原始人类。

他们和狼群，还有像狼但体型较小的动物一起生活。我们认为这些像狼的动物就是早期的狗，狼和狗共同的学名叫“犬科动物”。

这些动物与人类一起劳作，它们能在背部绑上装满货物的袋子并运送这些东西，也能在雪地里拉动雪橇。

这种情况少之又少，因为在大多数地区，人类和动物真正成为朋友是几千年之后的事情。狗的驯化也是在很久之后才出现的。

在这些原始人类中，有一个人非常伤心。

我们叫她索菲，名字的含义是软心肠。一只陪伴她度过快乐时光的狗去世了，这是她的宠物狗。看到心爱的宠物狗死去，她难过得号啕大哭起来，眼泪夺眶而出。在告别仪式上，她用手指掰开狗狗的嘴巴，把一块长毛象的骨头塞入它的嘴里。

把一块食物放进死去动物的嘴里来表达对它的尊重，这是当时的一种仪式。那时人们认为虽然肉身已经死亡，但灵魂不灭，而灵魂会理解这块食物的含义——向死去的动物传递爱和关怀。

再见了，我的动物朋友。

我希望在另一个世界你能吃到美味的骨头。

然后，索菲埋葬了她的狗。

26 000年后，考古学家挖出这条狗的遗骨。

当这条狗的头骨化石出现在考古学家面前时，他们觉得这个头骨化石非常奇怪，和他们以前见过的任何动物的头骨化石都不一样。在经过仔细辨认和研究后，他们才恍然大悟。

原来这是一个我们都见过的动物，至少在小孩子们的卡通片中出现过：一只嘴里叼着一根骨头的狗，或者说是一只宠物狗！

故事6

最早的舞者

最早的舞蹈是什么样的？

埃莉诺（Eleanor），12岁

这个问题真有意思。

舞蹈是人类最古老的艺术形式之一。在文字记载出现以前的时代，舞蹈经过了多个阶段的发展和演变。人们通常会以舞蹈形式来抒发内心的情感，但是由于缺乏文字记载，我们无法想象那个时期人们载歌载舞的情景。

不仅人类喜爱舞蹈，很多动物也喜欢通过摆动身体来表达内心的喜悦之情，早期的原始人类也欢迎这些动物的加入。

我们对舞蹈的定义：舞蹈是通过有节奏的、经过提炼和组织的人体动作和造型，来表达一定的思想感情的艺术。由此我们可以缩小搜索的范围。

大多数复杂的乐器是在先知革命后才出现的，由此我们可以推断，正式舞蹈出现在过去的50 000年内。

很多事物，由于缺乏文字记载，我们就无法确定其出现的时间，我们只能将已知的作为起源。遵循这一原则，为了找到最早的舞者，我们把目光转向洞穴岩画。

你可以在书籍中和互联网上查询到关于洞穴岩画的信息。世界上很多地方都有洞穴岩画，例如法国和西班牙。

一本关于绘画的书给我们提供了答案。

一头会直立行走的鹿

人类喜欢举办各种各样的聚会。

在古代，那些从事高端职业且社会地位高的人，比如牧师、医师等，他们普遍会受到人们的尊重，通常他们也都擅长艺术创作，所以他们可能还是作曲家、舞蹈家和作家。

大约在13 000年前，一名法国男子创作出一种舞蹈。在这种舞蹈中，他用真鹿皮和鹿角把自己打扮成半人半鹿的样子，并通过摆动身体来模仿鹿的各种动作。

当家人和朋友们看到他的表演，欣赏他的精彩舞姿时，他

会击鼓、演奏乐器或引吭高歌，所有人都沉醉在一场狂欢派对中。

肯定有很多人喜欢看他的表演。

动物们往往是洞穴岩画中的主角。在很多远古洞穴中，人们都喜欢在岩石上尽情地绘制各种各样的动物。在特里斯·弗莱斯洞穴的一幅岩画上，人们看到一个用鹿皮和鹿角来装饰自己的男人。

也许他们觉得这个男人的形象实在是太有趣了，所以将他画在洞穴岩画中。据我们所知，直到今天，特里斯·弗莱斯洞穴的这幅岩画仍然清晰可见。

历史学专家将这位生活在13 000年前的盛装男子称为“翩翩起舞的魔术师”。

在印度，一幅有9000年历史的洞穴岩画中，人们排成好几列，一只手放在前一个人的肩膀上，另一只手向外打平，让我们欣赏到人类在史前时期的派对场景。

当你参加流行音乐演唱会时；当你看到人们边击鼓边歌唱，欢呼雀跃时；当你看到成千上万的人跟随音乐的节奏有规律地摆动身体时……请牢记这时你在遵循一个非常古老的传统，一个人类在很早之前一起以各种舞姿来抒发情感的传统！

故事7

最早种植水稻的人

谁发明了大米？

杰西卡（Jessica），12岁

大米不是人类创造的，大米来自大自然。

不过，我们猜测杰西卡是想知道是否有一个人在大米成为我们主食的过程中扮演了关键角色。

通过查证书籍和向互联网求证，我们发现了大量关于各类大米的文章。大米的起源说法不一，让人捉摸不透。

40多分钟已经过去，还没有任何进展，这个问题似乎没有明确答案。

最终，在互联网上有一篇相当复杂的科研论文，我们在这篇论文中找到了答案。

然后我们就尽可能扩大查阅的范围，来确定相关时间和地点，以及生活在那个时代的狩猎采集者。

谁发明了大米

从前没有商店、市场和农场，人们过着群居生活。成年男性和较年长未成年男性负责捕捉猎物；女性负责守护生活场所，养育孩子，并安排大家的生活起居。此外，年轻女性负责采摘水果、蔬菜和其他食物。

远古人类和现代人类都对新鲜事物有好奇心，且勇于尝试，并都能在实践中不断学习和进步。

早期人类会建造作为公共设施的环形石阵或宗教仪式中心。在这里，白天可以一起讨论重要的公共事务，晚上可以一起在璀璨星空下享受休闲时光。

参与的人越来越多，问题也随之而来，单纯靠采集植物无法养活这么多人。

中国长江流域的一位狩猎采集者想出一个办法。我们不知道她的名字，在那时人们通过外表或劳动类型来辨别一个人，所以她有可能会在当地语言中被赋予一个类似“营养师”的名字。

我们先称呼她为“诺”。

她大约生活在13 000年前。

因为无法采集到足够的稻属植物来养活这么多人，所以她决定找一个适宜种植的地方开始尝试种植这种稻属植物。

她选择了一种叫做水稻的品种，经加工后获得的白色颗粒味道很好且让人有饱腹感。我们现在将这种稻属植物经加工后获得的稻米称为大米。

随之，好消息来了！她取得了巨大的成功，每个人都能吃饱肚子，不会再有人饥肠辘辘。

这是一个伟大的进步！

有证据表明，被称为农业的组织型集体农耕系统几千年后才开始普及。

像“诺”这样的创新型人才只在一个地方专注于种植一种农作物。

很多生活在其他地方的人也开始学习种植水稻技术，种植的人越来越多，种植的范围也越来越广。

我们将这些种植水稻的地方称为水稻种植园。很多年后，水稻被细分成很多类型，包括东亚的圆粒糯米和受到南亚人偏爱的长粒无黏性大米等。

数百世纪后的今天，研究主要水稻品种基因流动情况的科学家们发现，所有品种都可以追溯到中国。

下次当你手里捧着一碗米饭时，你可能会想对长江流域的这位智慧女性说一声感谢，因为她在农业形成之前就已开始种植水稻了！

第二章

历史开端时期的8个故事

故事8

最早的城市

谁建造了最早的城市？

阿卜杜勒卡里姆（Abdulkareem），13岁

起初，我们认为这个问题应该很容易回答，在互联网上便可以很轻松地搜索到答案。

我们经常会碰到这样一种情况，一个看上去非常简单的问题，实际上却很难回答。

互联网上有很多不同的答案，包括大马士

革、比布鲁斯和阿勒颇等。西方考古学家唯一达成一致的是，第一个城市位于中东。

在这种情况下，关键在于确定具体时间，找到最新的信息。

停止迁徙的游牧民族

游牧民族指的是以游牧为主要生产生活方式的民族。

很久以前，在夏末炎热的一天，一个游牧民族冒出了一个令人震惊的想法。

“让我们继续留在原地吧，”他们的首领说，“气候变得越来越暖和了，冬天也不再像以前那样寒冷。”

这是一个多么棒的建议啊！

游牧民族从未停止过迁徙。这个被称为纳图夫的游牧民族部落，是一个由狩猎采集者们组成的部落，他们一直有冬季向南迁徙，躲避寒冬的传统。他们确实很希望能继续留在原地。

因为他们生活在一个被称为“芳香”的地方，空气中香气四溢，满眼都是美丽的棕榈林，还有甘甜的天然泉水和绚丽芬芳的花朵。气候也变得越来越暖和。

于是，他们继续留在原地生活。用沙子和泥土制作成砖，在太阳光下晒干，开始修建一年四季都可以居住的房子。整个部落的生活范围变得越来越大，后来他们还在四周筑起高高的围墙来保证安全。

这个部落的人们可能还不知道，他们停止迁徙并在原地定

居的决定和气候变化都是历史上两个具有重要意义的事件。

11 700年前开始的全球气候温暖期标志着全新世纪的到来，人类发展历史中记载的所有事件都发生在全新世纪开始之后。

他们长期定居的地方是一个小镇，名叫耶利哥，被认为是世界上第一个真正意义上的城市。直到今天，你依然可以在巴勒斯坦境内游览这个城市。

故事9

最早的酿酒师

谁发明了酒精饮料？

匿名

我们认为这个问题来自一名教师。一些成年人喜欢喝啤酒和葡萄酒，但孩子们往往不喜欢苦的、酸的或辛辣的味道。

在互联网上，我们发现了许多互相矛盾的内容和结论！在这些资料中，美索不达米亚、中国、埃及和伊朗等地都被认为是酒精饮料的发源地。

每份资料都各执一词，无法达成一致，所以我们不得不进一步查阅资料，通过搜索信息来得出结论。

让人们头晕目眩的饮料

一个叫迪西的女人摘了一篮子水果，带回住处。

和往常一样，迪西把那些待熟的、可以现在吃的和过熟并已变软的水果分开放置。

可能是因为贫穷或饥饿，她只将过熟的果实留给自己吃。终于有一天，她发现这些过熟水果上会生成一种液体，人们喝了这种液体通常会感到头晕目眩，其中一部分人还很享受。

于是，迪西发现了一个其他人或是猿类早已发现的秘密，水果过度成熟会发酵，从而生成酒精。

在迪西生活的新石器时代的中国河南省舞阳县贾湖，人们开始专门制作经过发酵的水果饮料，并储存在罐子中。

这次事件与以往类似的不同之处在于人们收集了这种液体并进行提取。在当时，女人们继续尝试以各种方式来酿制美酒。最好的酿酒原料是山楂、葡萄、稻米和蜂蜜。在酿酒时，这些原料经过发酵，然后放入陶罐，并在陶罐下方用火加热。

9000年后，在一次考古发掘中，考古学家们发现了一个古代石罐，石罐里还存留一点这种酒精饮料。其中，有一个考古学家经过研究后获得其配方，并根据配方酿造了一款酒精饮料：一种甜味与苦味混杂的金色液体，液体表面还有泡沫。

在研究过程中，我们还发现了一些有趣的事。

男性是酒精饮料的主要消费人群，但纵观历史，美酒的酿造都与女性有着千丝万缕的关系，男性在酿造这方面似乎都是局外人。

故事10

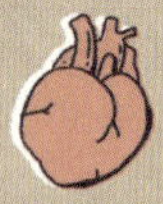

最早的医生

谁发现了大脑？

伊纳科（Inako），12岁

我们认为会有人说这个问题很简单，在互联网上搜索一下就能知道谁是最早的医生或脑外科医生。

实际上这个问题需要反复思考和讨论。

据说，早在中国中医四大经典著作之一《神农本草经》中就有关于柳树药用价值的描述。中医用柳树枝入药为病人缓解疼痛，如今用于治疗头痛的阿司匹林，它的成分中就含有柳树皮的物质。

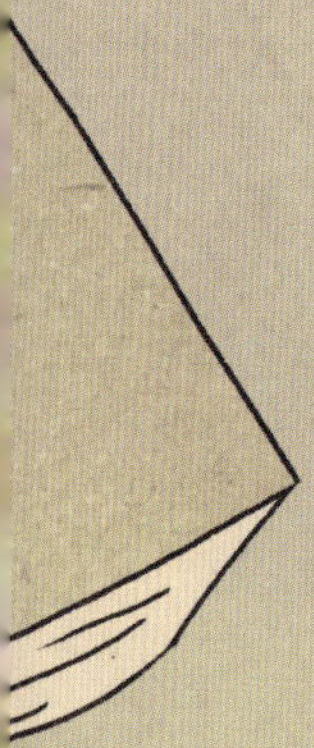

有一个名叫希波克拉底的古希腊人，生活在公元前400年左右，被誉为“现代医学之父”。他是“最早的医生”吗？

继续搜索，终于找到一个可以分享给大家的真实故事。

拯救生命的卷轴

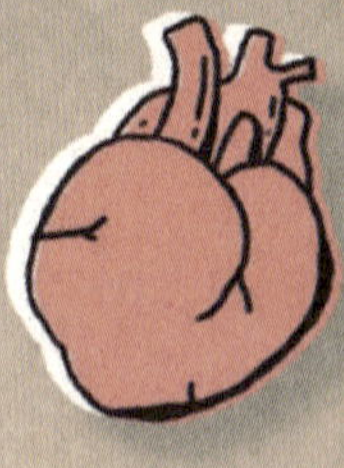

在2600多年前的埃及，有一位为法老效力的建筑师。

我们对他知之甚少，历史学家都只是推测他的名字是伊姆霍特普（Imhotep），那我们就先这样称呼他吧。

他是一个多才多艺的人，主要从事建筑设计，平时也为伤者治疗外伤。

尼罗河畔有大量的鳄鱼和河马，它们凶猛无比，还经常咬伤人。那时的埃及还有很多战争，即使在和平时期，人们在建造大型金字塔时需要搬运巨石，在搬运巨石的过程中，死者和伤者也难以计数。

人们受伤时都会向伊姆霍特普求助，死亡还是难以避免。那时，还没有医院，也无法进行外科手术。

他想到一个办法：他以象形文字形式总结救治过程，加上有关医学知识和救治经验，编写一本非常有价值的医学手册。当人们意外受伤时，就可以查阅这本医学手册来快速获得救治方法。

这可能是历史上第一本医学文献。在其中一节他提及，人类头部有一团物体，也就是我们现在所说的大脑。这本医学文献是已知最早论述人类头部脑灰质的书籍。

这本医学文献的原稿早已失传，但人们对其好评如潮，在

1000年后仍然受到广泛追捧，还有越来越多的人通过手工抄写，使其广为流传。

考古学家在1862年发现了公元前1700年的手抄本，并于1930年破译了上面的象形文字。

现代医生惊讶地发现，这本医学文献中的许多内容与现代医学知识如出一辙！显然，伊姆霍特普知道如何将脑灰质用于医学研究工作。

故事11

最早的弹簧秤

谁制作了最早的弹簧秤？

马克思（Max），14岁

在互联网上快速浏览一下，一位名叫理查德·索尔特的英国人在18世纪70年代发明了世界上最早的弹簧秤。

不过，我们决定重新回顾一遍历史，看是否能找到一个更早的案例。

网上的一篇考古报道中提到，在20世纪30年代，一位名叫赫米的英国考古学家，在巴基斯坦的一座古城遗址中发现

了一堆奇怪的石头。

这些石头大小不一，材质各异。

这些石头都是随机选取，没有任何规律可循吗？似乎是这样的。

考古学家赫米对每块石头进行称重，并记录下它们的重量，然后对这些重量值进行仔细研究。他发现，所有的重量值都是一个单位数值的倍数。

这意味着什么？

这就是我们在图书馆午休结束时要分享的故事。

促进世界标准化的鹅卵石

这是山谷市场中繁忙的一天。大约在5000年前，那时还没有出现货币，人们只能通过以物易物来进行交易。

“我有6个水果。”

“我给你30个坚果，或者一双草鞋。”

“嗯，那我要这双草鞋。”

“成交。”

但无法计数的东西又该怎么交易呢？像粉末状的微小颗粒，或大小不一和形状各异的含矿岩石。

“我给你一把面粉。”

“但是你的手太小了。让我抓一把吧！”

“可是你的手好大啊！”

“……”

随时有可能发生争吵。

在印度河流域可能拥有世界上最早的工程师团队。其中一个我们不知其名的工程师想出一个解决办法。他选择一块鹅卵石，并决定将其重量作为一个基本单位重量（这块鹅卵石重约13克）。他设计了一个工具，看起来像操场上的平衡杆或跷跷板的缩小版，这个工具其实是一杆秤，用于称重。

然后，他们将较大的石块切成较小方块，并在其他岩石上磨削，直到这些较小方块的重量恰好为那块13克鹅卵石重量的整数倍。大小不一的小方块的重量分别相当于1个鹅卵石、2个

鹅卵石、4个鹅卵石、8个鹅卵石、16个鹅卵石、32个鹅卵石……的重量。

他有了一杆秤和各种“标准重量”的秤砣。

贸易商很喜欢这杆秤，因为这杆秤在交易中为他们带来极大的方便。很快，越来越多的人开始使用这个工具。这项发明的普及极大地促进了货币和银行业的发展。

计量标准化被证明是历史上最重要的创新之一。

这一切都要归功于一位在集市上用鹅卵石做试验且不知其名的工程师。

故事12

抽水马桶发明人

谁发明了抽水马桶

萨曼莎（Samantha），13岁

当你在学校参与研究时，总会有人想问一些让人感到害羞的问题。比如有人问：谁发明了抽水马桶？

查阅了资料后发现，16世纪初英国作家约翰·哈林顿出版了《夜壶的蜕变》一书，详细描绘他的抽水马桶的设计。

实际上，这是一个很好的问题，我们每天都要上几次厕所，很少有人会去考虑抽水马桶到底源自何方。

事实证明，这个问题也有严肃的一面。提问题的小女生正在写一个关于石器时代人们生活状况的剧本，她很想知道那时的人们在哪里上厕所。

气味去除剂

大约在5000年前，在印度河流域，一位首领，我们称他为鹅卵石先生，决定建造一个比普通村庄更大的村庄。

那时，人们都以小家庭为单位，住在泥砖砌成的小建筑里，这些建筑分布在河流和泉水等淡水资源附近。

鹅卵石先生可能是在了解耶利哥和美索不达米亚等世界上最早出现的城市后有了这样一个想法，决定建造一批相互毗邻的房子，让人们生活在一起。

建造过程中有人发现了这样一个问题。

如果我们住在森林中一个泥制房屋内，去森林中大小便会很方便。如果住在城市里，大多数人都会远离田园，那么我们应该去哪里上厕所呢？他们若在家里如厕，整间房屋都将臭气熏天，除非他们每晚都把排泄物运出去。

鹅卵石先生想出了一个复杂但可行的办法来解决这个问题。

他命令每户人家在房间内打一个洞，然后连接一条管道作为一个排水系统。如厕后，人们向洞里倒水，就如同现代抽水马桶用水冲洗一样。这样排泄物很快就被冲走了。

每户人家都有水井，取水很方便。

鹅卵石先生的方法取得了很好的效果。这种方法比我们的现代建筑更环保。房屋下部通道通向一个砖砌的化粪池，方便收集粪便并将其用作农作物肥料。

可惜，直到公元105年，最早的卫生纸才在中国出现。我们将在后面的故事中介绍卫生纸的起源。

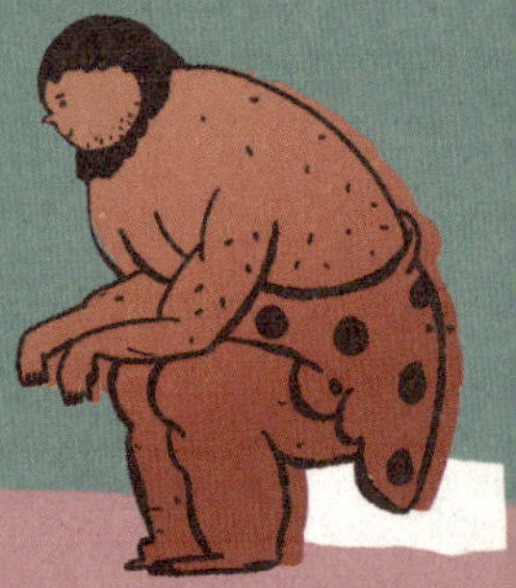

故事13

最早的作曲家

最早的作曲家是谁？

吉坦贾利（Gitanjali），10岁

这又是一道难题呀！

谁是最早的作曲家呢？歌曲可能起源于某种祭祀仪式，也可能来自母亲抚慰孩子时的哼唱。

但“歌曲”这个词比动听的声音内涵更丰富，且与音乐密切相关，说到这里，我们自然而然地再次想起“先知革命”。

在互联网上搜索几次都没有找到答案，我们决定如果无法确定第一个案例，就将目前可以找到的最早案例作为分享案例。

在互联网上，我们找到了最早以书面形式记录的音乐作品，在音乐领域，这是一部不朽之作。

以下是我们要分享的故事。

献给月亮女神的情歌

距今3000年到4000年前，在现在的伊拉克，有一个胡里安人部落热衷于演奏音乐。他们不仅喜欢音乐，也很喜欢水果，水果是他们一日三餐中不可或缺的一部分。

有一天，胡里安人决定为果园女神尼卡尔写一首情歌，名为《尼卡尔女神颂》，希望尼卡尔女神能给他们带来更多美味的水果。

这首歌利用“音程”与“和声”等方式让音乐爱好者体验美妙音乐的魅力。

他们使用了一个有7个主音符的音阶——全音阶。

你知道电影《音乐之声》中《Do Re Mi》这首歌吗？这里就采用了全音阶。

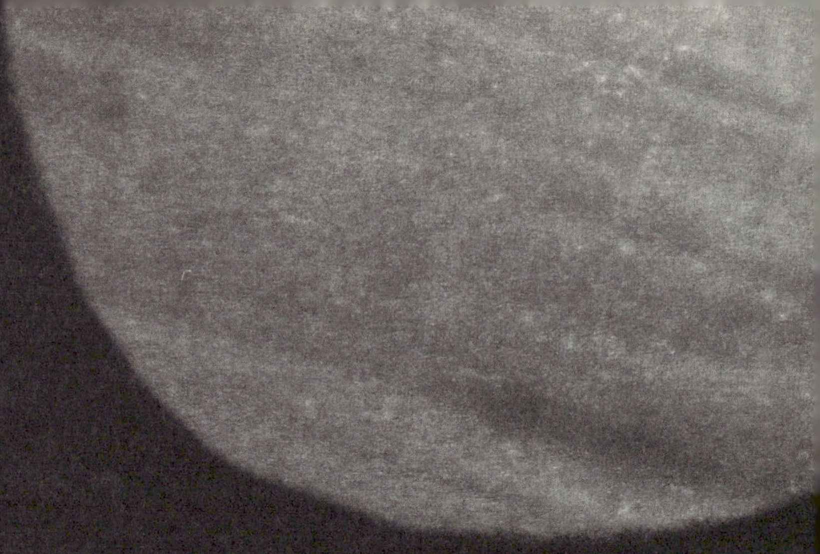

听起来很棒。轻松优美的旋律让人沉醉，倍感愉悦。

人们可以创造有自己风格的音乐，也可以学习他人的音乐。

胡里安人把这首歌刻在石碑上并为歌手和九弦吉他演奏者附上说明：“我们赞美月亮神之妻，女神尼卡尔！”

这一定是一首经典歌曲，在人们心目中的地位如此重要，才会将其镌刻在石碑上。但后来这首歌消失了几千年。

20世纪50年代初，人们在伊拉克进行考古发掘时发现了这块石碑，才发现这块石碑上所刻的就是世界上最古老的乐谱。

故事14

最早的立法者

第一位律师是谁？

康妮（Connie），13岁

这个问题看起来会很简单。我们理所当然地认为百科全书这样的工具书中一定记载了关于第一位律师的相关内容，就如同有描述第一辆汽车、第一架飞机、第一列火车的发明人的故事。

但实际上，百科全书中并没有关于第一位律师的内容。普通的参考资料中也没有给我们提供这个问题的答案。

不过，我们相信肯定有人曾经以文字形式来记录他们的法律。

这样我们就可以得出结论：第一位律师就是最早的立法者。我们将研究方向转为寻找一位睿智并影响力强大的统治者。

于是我们回到了古代历史典籍中，去寻找一个可以回答这个问题的故事。

女神感召立法者

40世纪之前，有一位叫乌尔·纳姆的统治者，他崇敬月亮女神，认为月亮女神平等地庇佑着每个人。

乌尔·纳姆学习历史，了解到几百年前，一位名叫乌鲁卡吉纳的国王命人将一份廉政宣言镌刻在一块石碑上。

乌尔·纳姆认为，为了依法治国，必须继承这种优秀的治国之法。于是他命人颁布了一部法律，并将这部法律中的所有条文镌刻在一块大石碑上。这部法律旨在为每个人创造一个公平、公正和公开的社会环境，对所有人，无论高低贵贱，都具有法律效力。

在这部法律中，谋杀、抢劫和强奸被视为可判处死刑的严重罪行，而较轻罪行可采用罚款等形式来进行处罚。

4000年后，学者们发现了这部法律。这是人类已知最古老

的法律文献。

今天，大部分国家和地区都有类似的法律来保证社会发展中司法程序的公平、公正和公开，司法机关对严重罪行和较轻罪行也有相似的司法等级划分。

立法的目的是为每位公民创造一个公平、公正和公开的社会环境，以此来保障社会的稳步发展。

但遗憾的是，至今大多数律师并不知道他们的职业源自月亮女神的感召。

最早的动物园饲养员

最早的动物园饲养员是谁？

阿列克西（Alexi），13岁

有人提出亚当和夏娃可能是最早的动物园饲养员，因为他们需要命名各种动物。

“是的，”我告诉她，“这是一个充满寓意和哲理的故事。但我不认为这就说明着亚当和夏娃是专业的动物园饲养员！”

我们在网络上搜索“最早的动

物园”，弹出很多信息，大多与在英国和美国的第一家现代动物园相关。

这些报道最早只能追溯到19世纪。那在这之前有动物园吗？

我们改变思路，并大胆猜测在古代有很多君王可能派专人饲养各种外来动物。在查阅有关于埃及、中国和以色列历史的书籍之后，我们终于找到一个可以分享的故事。

西周之灵囿

3000年前，中国西周时期建有灵囿，让草木与鸟兽自然繁育，供帝王贵族狩猎。

据说，周文王在平定社会以后，在距离当时国都镐京不远的地方，修建了一处供帝王贵族游乐狩猎的场所。他命人围筑起一个巨型园林，占地超过4万平方

米。一个标准足球场只有7140平方米，想象一下这个园林多大啊。他将这个园林命名为“灵囿”。

步行穿过这个园林时，可以观赏到各种珍禽猛兽。

还有一些古代君王，如埃及的哈特谢普苏特女王也派专人饲养过外来动物，但周文王的“灵囿”无论是在规模、动物品种还是在设计创意上都别具匠心。

这位世界上最早的动物园的创建者“周文王”，与现代英语单词“动物园”形似，但这只是一个巧合。“周文王”可读作Ch'o，Jow或Joe，“动物园”这个单词实际上来源于希腊语中的两个词根Zo和Ology，意思是生活和知识。

第三章

很久之前的7个故事

故事16

最早的短信息

谁发出了最早的短信息？

阿底提（Aditi），12岁

这个问题让我们陷入了苦苦的思索。

短信息通常被定义为一台计算机或一部移动电话发送的文字或数字信息。我们要想在互联网上查阅第一封电子邮件的信息还比较容易。

1971年美国BBN公司的一名工程师雷·汤姆林森在他的键盘上选择@发出了第一份电子邮件。

其实，古时候的人们可以做到很多我们现在能够做到的事情。

我们查阅了很多与古代文明相关的信息，最后，我们在一本讲述中国古代文明的书籍中发现了一个很有意思的故事，可以回答这个问题。

烽火戏诸侯

烽火是古代外敌侵犯时的紧急军事报警信号。

西周为了防备犬戎的侵扰，在镐京附近的骊山（在今陕西临潼东南）一带修筑了20多座烽火台，每隔几里地就是一座。一旦犬戎进袭，首先发现的哨兵立刻在台上点燃烽火，邻近烽火台也相继点火，向附近的诸侯报警。

京城周围很快就烟雾弥漫，诸侯们带领大队人马，从各自的属地快速赶到京城救援。褒姒看到大批人马气喘吁吁、惊慌失措地来救驾，这样一副兴师动众的情景使她情不自禁地笑起来。

周幽王心花怒放，后面又数次用这个荒谬的方式戏弄诸侯，以致无人再相信周幽王狼烟信号的意义。

几年后，犬戎发动袭击，周幽王连忙下令点燃烽火台，诸侯们都视而不见。结果周幽王被杀害，美丽的褒姒也身陷囹圄。

这便是我们所知的最早的短信息，还是最早的收件人假装未收到的短信息。

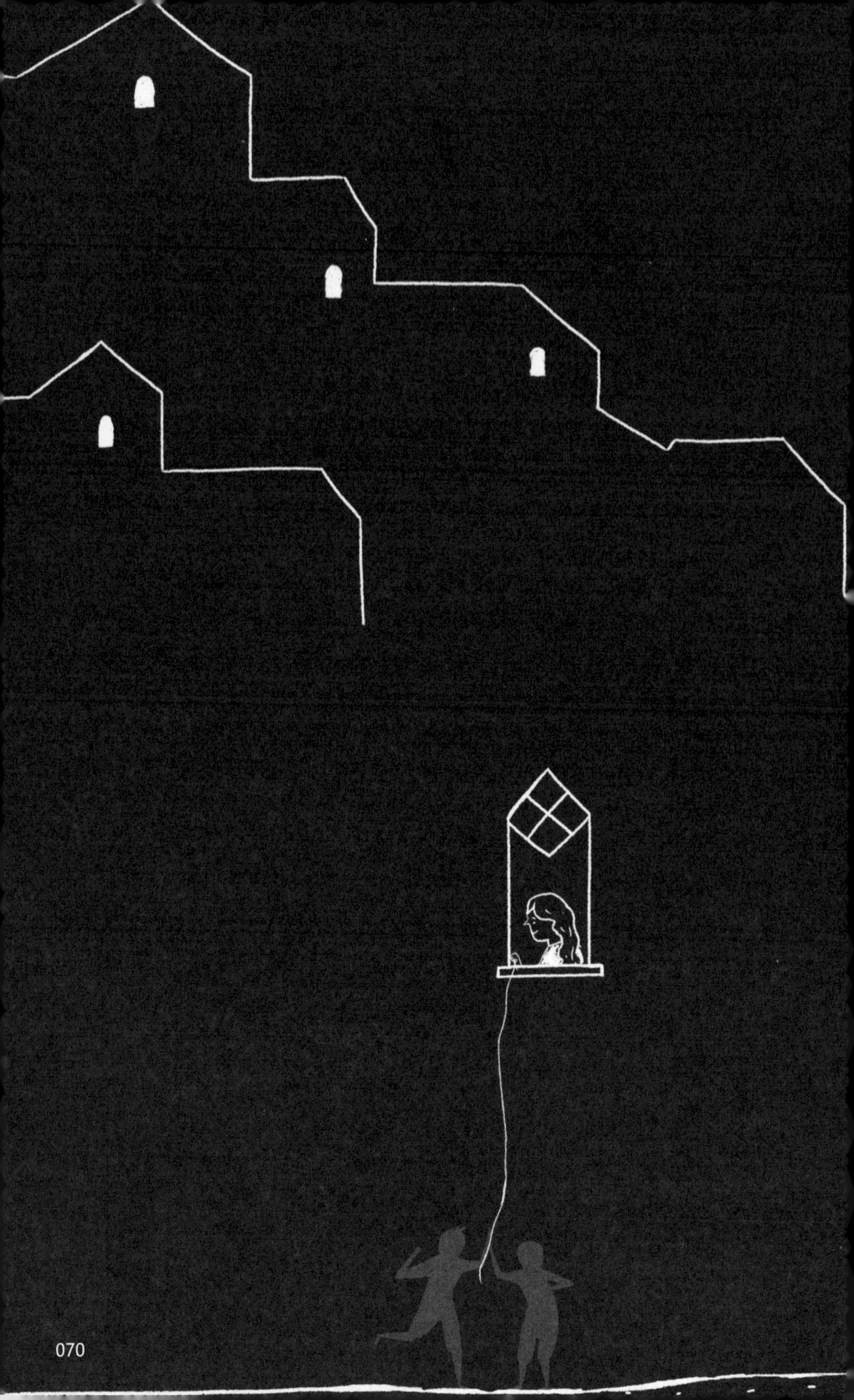

故事17

最早的间谍

谁是最早的著名间谍？是詹姆斯·邦德吗？

艾玛（Emma），13岁

这个问题很难回答，一定程度上取决于“著名”的定义，还要区分是虚构人物还是真实人物。

我们查阅了图书馆中与詹姆斯·邦德有关的书籍，发现他是小说中虚构出来的人物，所以他不是最早的真实间谍。

通过查阅资料，我们在《约书亚记》找到了一个与最早的间谍相关的真实故事。

让我们一起来看看这个故事。

麻秸堆中的秘密

约书亚是一位野心勃勃的领袖，想要攻占一座名为耶利哥的城市。这座城市被高而厚的城墙保护着，是目前世界上已知最古老的城市。

2600年前的古籍中就有对这个城市的描述。那时，耶利哥城坚不可摧，固若金汤。高大厚实的城墙和守卫森严的城门让每一支试图占领这座城市的军队都铩羽而归。

鉴于这种情况，约书亚并未像其他首领一样，鲁莽地立即派遣自己的军队强攻。恰恰相反，他先让两个谍报人员前往耶利哥城内刺探情报。

这两个人神色平静地进入城中，掌握了城中的情报后，藏在了一个名叫喇合的女人家中。

耶利哥的城门有守卫，他们时时刻刻监视着进出城门的人。

“有人看到两个可疑人员走进了喇合的家。”守卫禀告首领。

“立即逮捕他们。”首领说。

他们去喇合的家里搜查。“是的，有两个男人来过，但他们已经走了，”喇合说，“他们从城门溜走了。”

其实两个谍报人员藏在屋顶上的麻秸堆中。

士兵们搜查屋顶时，他们屏住呼吸，躲过了搜查。如果发出一丁点儿声响，他们就会被抓住并处死。

警报响起，首领派了一队士兵继续去搜寻那两个人，并命人关闭城门，防止他们逃跑。

士兵走后，这两个人从麻秸堆中爬出来。

喇合家的一个窗户是城墙的一部分，他们利用一根绳子向下爬出城墙，安全逃离，并将城内的情报报告给约书亚。

大多数间谍故事的主角都是男人，但这个故事中最重要的角色是一个女人。也许，她也可以被看作一名间谍。在耶利哥城当时的统治者眼中，她是一个叛徒。对于约书亚来说，她也是一名间谍。

故事18

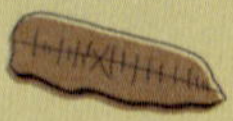

最早的合同

以前很多人都不识字，他们是如何签合同的呢？

迪利普女士（Ms. Dilip），42岁，经济学教师

这是一个很有意思的故事。现在有很多方法来验证一个人的身份，比如可以用签字来验证，手机可以扫描指纹验证主人……在电影中，还有通过扫描角膜验证后才能打开的门。

但是以前的人们是如何签订合同的呢？

通过互联网，我们了解到人类社会的契刻计数传统延续了几万年。

在古代，有一些人用一块木头作为借贷合同。他们将一块木头一分为二，出借人保留一半，借款人保留另一半。

相关资料中多次将这种方式称为“拆分记账”，使用的材料一般是木头，有时也用其他金属。

查阅“拆分记账”相关的资料后，我们获得了一个与最早的合同有关的故事。

古代的发明一般都有一个皆大欢喜的结局，这个故事却以悲剧收场。

诱惑与诅咒

正直和诚实难道不是优秀的品质吗?

大约在公元前540年，一位欧洲的老人请来了一位以诚实著称的斯巴达人——格劳卡斯照看他的贵重物品。老人想等他去世后，把这些物品留给孩子们。

“我已在这些棍子上做好标记，并将棍子劈成两半，”老人说，“我把棍子的另一截给了我的孩子们。”

“我会悉心照看的。”格劳卡斯说。

多年过后，老人去世了。

悼念结束后，他的孩子们来到格劳卡斯的家中，并向格劳卡斯出示了很多根半截棍子。

然而，格劳卡斯早已习惯保存这些贵重的物品，他忍不住想将这些贵重物品据为己有。

于是，格劳卡斯让孩子们空手而归，并说他将在90天内给予答复。

格劳卡斯给牧师德尔菲写了一封信，询问他是否可以将这些贵重的物品据为己有。

牧师德尔菲给他的答案让他胆战心惊：

选择谎言，
你会一夜暴富。
但要知道真理有一个儿子，
他无名无姓，
无手无脚，
却能抓住并杀死冒犯他父亲的人。

格劳卡斯吓坏了，立即将老人的物品按老人的遗愿归还他的孩子们。但格劳卡斯的丑恶内心早已暴露。最终，格劳卡斯受到诅咒，还牵连孩子和家人遭到了报应。

人们做了一个试验，在一块树皮上写上一份契约，并将树皮一分为二，然后用另一块树皮进行仿制。这几乎是不可能完成的。这个故事告诉我们，古代的人们真的非常聪明。

故事19

最早的女科学家

谁是最早的女科学家？

利塞维茨夫人（Mrs. Lisiewicz），39岁

纵观历史，女性和男性共同努力才能使人类社会生生不息，绵延不绝，否则人类早已灭绝。

欧几里得的著名《几何原本》流传两千多年，被视为全世界中学几何课本的基础。但很少有人知道，古希腊女科学家希帕蒂娅与父亲共同修订了《几何原本》，才成为现代版本的基础。不仅如此，希帕蒂娅在数学、天文、物理以及哲学方面，都做出令人瞩目的贡献。

最早专门从事研究的人

希帕蒂亚是古希腊女科学家。

希帕蒂娅生于公元370年的亚历山大，它是罗马帝国的一个重要城市。希帕蒂娅的父亲是一位著名的数学家和天文学家，在父亲的熏陶下，希帕蒂娅从小就显示出超人的才智。在她10岁左右，她已向父亲学到了相当丰富的算术和几何知识。在父亲的启发下，她懂得了如何利用金字塔的影长和相似三角形知识来求证金字塔的高度。

在希帕蒂娅20岁时，父亲的知识和亚历山大的藏书满足不了她日益增长的求知欲，她去了雅典进一步扩大自己的知识领域。

希帕蒂娅在雅典求学之后，又去意大利访问。25岁时，希帕蒂娅回到家乡，她在亚历山大一边教学，一边从事科学研究，做出多方面的贡献。不幸的是，后来，她被亚历山大当局派人迫害致死。

希帕蒂娅是有历史记载的第一位女科学家，她的工作推动了数学、天文、物理等各学科的发展。

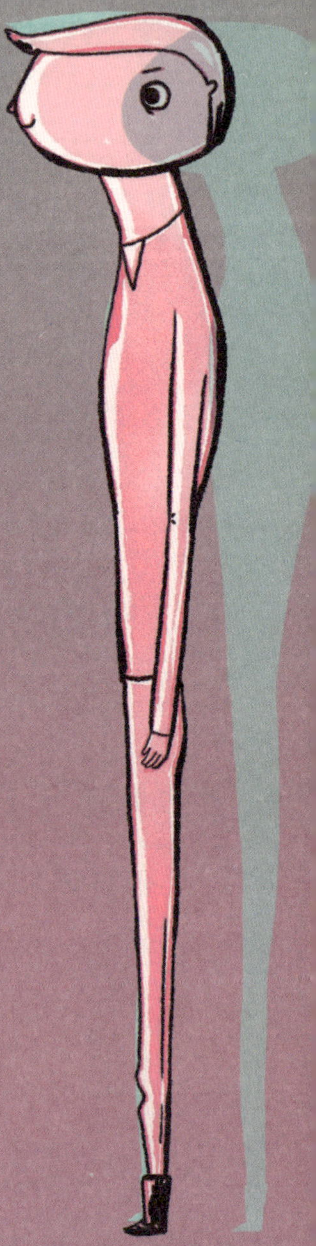

故事20

一个早期投资者

谁是最早的投资者？

程先生（Mr. Cheng），54岁， 商业研究教师

我们在互联网上搜索后，没有查到答案。我们在百科全书和词典中查阅“投资者”时，获得其定义：投资者是指为达到一个目的而把资金投入一个项目，并希望可以获得收益的人。

在一本介绍地中海国家的书中，我们发现了著名希腊思

想家泰勒斯通过投资获得收益的一篇文章。

相同主题下，我们找不到更早的故事。

所以接下来我们要分享这个故事。

穿着长袍的商人

很久以前，公元前500年左右，有一位名叫泰勒斯的智者。

他也是早期的哲学家之一。

镇上有人说，如果赚不到谋生的钱，聪明无用。

泰勒斯说，如果需要的话，他能让自己很富有。他回想自己掌握的知识和技能，如何才能让自己变得富有呢？

他善于预测天气的变化情况。他住在米利都地区，这里的天气情况比较糟糕，但他能看到一些预示天气情况逐渐好转的迹象。

橄榄很便宜。因为风干物燥，收成很低，人们对橄榄行业已经不抱希望。但泰勒斯认为这是一个很好的商机，他预测橄榄会在当年大丰收。于是，他用所有积蓄购买或租赁他能找到的所有橄榄油工厂。

正如他预测的那样，那个夏天，天气非常好，阳光明媚，雨水丰润，收成也是多年来最好的一次。

泰勒斯很快就掌控了整个橄榄油行业并因此发家。

“我不是为了赚钱，”他和其他人说，“我只是为了证明思考问题是一件意义非凡的事。”

故事21

地球是圆的

谁发现地球是圆的？

西蒙（Simon），11岁

关于这个问题，我们的团队成员听说过一个答案。

由于水手们怕自己会从地球边缘坠落，克里斯托弗·哥伦布不得不强迫他们横渡大西洋，最终他们发现地球是圆的。

我们先探究一下这个版本的正误。

我们很快发现，关于哥伦布及其水手们的故事绝非真事。这个故事是由小说家华盛顿于19世纪20年代创作的。哥伦布确实横渡了大西洋，但他及其水手们事先已经知道地球是圆的。

为觅得一个更好的答案，我们在百科全书和互联网上尽可能多地查阅相关资料。

最后，在一本关于希腊思想家的书中，我们找到了一个答案。

一个餐盘解开了一个谜团

亚里士多德希望他能去一个和地球相距甚远的地方，从远处看看这个地球。但他大约生活在2350年前的希腊，那时还没有航天飞机。

他曾听旅行者说过，不同的星星在不同的国家上空闪耀。早期的希腊思想家，如希罗多德和毕达哥拉斯认为地球是圆的，但他们无法证明。

亚里士多德意识到，如果地球是平的，每个人都会看到同样的星星。

另一方面，如果地球是一个球体，地球上不同地方的人们看到的星星完全不同。这是一种汇聚力，我们今天称之为“万有引力”。

亚里士多德想亲眼看到地球是圆的。

有一天，他想出了一个办法。他看了日历后，知道很快会出现月食，当地球挡住太阳发射到月球的光线时就会出现月食现象。

这天晚上，他凝视着月亮，看到月亮上有地球的影子，这个影子是一个完美的圆形。

那么，地球是一个圆盘还是一个圆球呢？亚里士多德拿起餐盘，走向蜡烛。

“除非光线在餐盘正后方，否则餐盘的影子是椭圆形。”他说，“只有球体才一直会有圆形阴影。那再来看看月亮上的阴影。”月球上的地球阴影一直都呈现圆形或部分圆形。

这种情况说明地球是一个圆球。

没有望远镜？没关系。历史表明，银河系中的重要发现只需要一种工具：一个善于思考、善于想象并具有直觉的大脑。

故事22

音乐键盘的发明人

钢琴和音乐键盘哪个先出现？

加斯·格南洛克，兆基（Garth Glamrock, Siu-kee），15岁

我们研究团队中有一位成员会弹贝斯，他认为钢琴先出现，但其他人认为各式音乐键盘先出现。

在互联网上快速搜索一下，我们发现大约在1700年钢琴才出现。

后来，我们查阅了一本关于古代发明家的书籍。在这本书中有一个关于早期管风琴的故事，我们将分享这个故事。

理发师发明的管风琴

古罗马曾经有一个贫穷的理发师，名叫克特西比乌斯。

他很聪明，他在自己的理发店中发明了一面通过平衡装置灵活调节方位的镜子。

大约在公元前250年，他找到了一份学者领域的工作——古罗马亚历山大市一家博物馆的馆长。

他才华横溢，还是一位发明家，研究发明了多项内容。

他爱好吹奏排笛——一种由数个长度不一的笛子组成的乐器。演奏者通过呼气吸气来吹奏，每次吹响其中的一个笛子，以此来吹奏美妙的曲子。

他还制作了一种利用下方水箱压力来吹奏上方排笛的乐器，中间是一组木片，按下其中一根来吹奏排笛中相应的一根笛子。这是最早的音乐键盘，他称其为“水压式管风琴”。

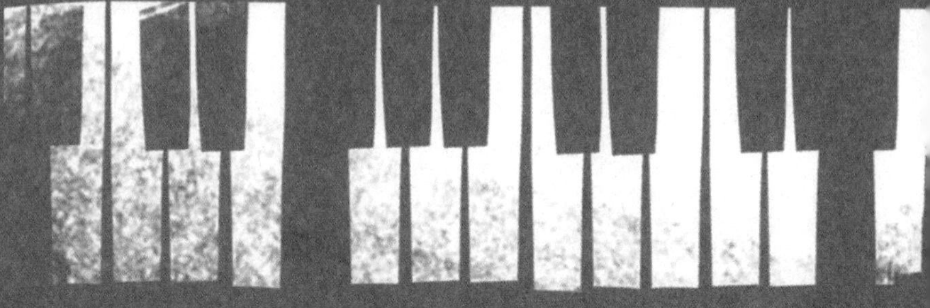

这是历史上第一架管风琴，这种水压式管风琴体积较小，声音较响亮，通常用于古罗马的戏剧和竞技活动。

后来，管风琴不断改良，开始引入教堂和宫廷。到了中世纪的欧洲，几乎每个小镇的教堂中都拥有或大或小的管风琴，能够在大教堂中担任管风琴师也是音乐家们引以为豪的荣誉。

第四章

地中海黄金时代的7个故事

故事23

地球在宇宙中的位置

谁发现地球不是宇宙的中心?

曼迪（Mandee），14岁

我的一个助手看到这个问题后叹了一口气。对她来说，这个问题太难了。人们常常将物理学、数学和历史学混为一谈。

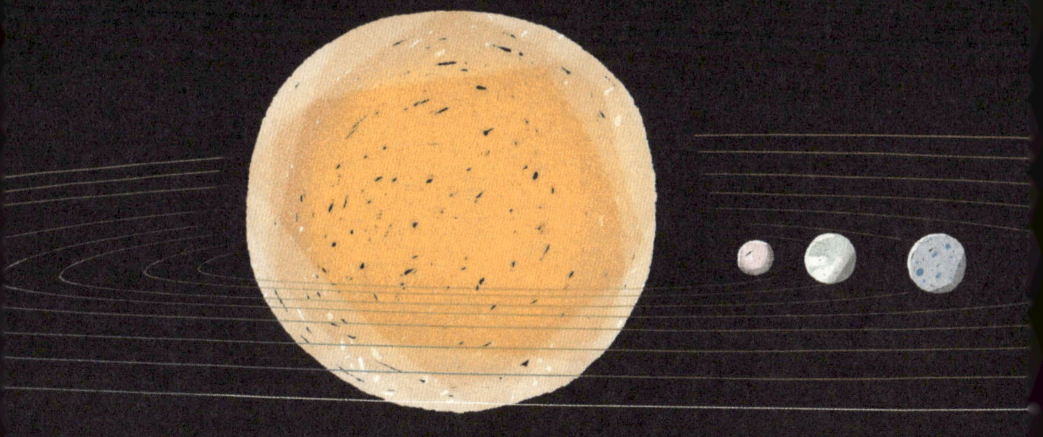

但我说：“这个问题的答案是最简短的，即没有人知道。”

我告诉她，我们不知道宇宙的中心在哪里。如果宇宙有中心，它可能是一个遥远的星系，可能是路尽头的面馆，也或者是一个学校的图书馆。

我们决定把研究重点放在这个问题的内涵上。

提出问题的人显然想知道，谁最早知道地球在宇宙中的位置，或许我们能够回答这个问题。

于是，我们查阅了关于古希腊天文学研究的书籍，了解到一个名为菲洛劳斯的人。

满天繁星与地球上的一个人

公元前480年，菲洛劳斯生活在地中海沿岸。

他是毕达哥拉斯学派的成员。他深入思考生命和宇宙意义。

一天晚上，菲洛劳斯躺在河边凝视夜空。他曾凝视过无数次，但这一次他有一种非常奇妙的感觉。他突然感觉到，在宇宙中缓慢地相对移动的并非他看到的满天繁星，而是他自己，即他此时身处的地球。

当我们坐在一辆汽车、一列火车或一艘渡轮上时，会看到旁边的物体在移动吗？实际上，这些物体都是静止的，只有你自己在移动。

你的大脑需要一点儿时间来想清楚这一切，这是一种很奇怪的感觉。我猜菲洛劳斯在史上最巨大的“交通工具”——地球上就有这种感觉。

他写下结论：地球不是宇宙的中心，而只是穿过宇宙空间运行。

我们现在知道，他的这一发现领先了超过1000年。

他也有其他方面的独到见解。

他认为，必须思考无限和有限的含义才能真正理解现实，万物和谐统一才使万物具备存在的意义。他认为，地球、月亮、水星、金星、火星、土星及其他星球都是围绕着一个中心火团运行的球体。

今天，无人知道宇宙的中心在哪里，也无人知道是否存在宇宙的中心。我们知道躺在海滩上仰望满天繁星，是一种享受！

地球到月球的距离

谁发现月亮和太阳距离我们很远？

阿兰（Alan），15岁

谁发现月亮距离我们如此之远？谁发现太阳距离我们如此之远？

这两个问题虽然不同，但是都很容易回答。你只需利用好百科全书，就可以查到答案。

可以量到月球的卷尺

有时，你可以同时在天空中看到月亮和太阳。

它们看起来大小差不多。

眼前的一块儿小石头，和一座很远的大山，有时两者看起来是不是差不多一样大？

古希腊时期伟大的天文学家、数学家阿利斯塔克斯发现了这一点。他决定测量从地球到月球的距离，一劳永逸地解决这个问题。

如何才能做到呢？

这需要一把很长很长的卷尺！

有一天晚上，阿利斯塔克斯看到自己的影子又长又细，似

乎在“触摸”离他很远的东西。

晚上，当你把光源放在脚踝后面的地面上，你的影子就会变得非常长。

这让他受到启发想出了一个好办法：影子能作卷尺吗？

他还想出了另一个办法：如果有人把蜡烛移到他身后，他的影子就会四处移动，他就可以知道影子所及之处的长度和角度。

你可能会从数学课、物理课上知道，古希腊人擅长利用角度来计算各种问题。

有了上述两个办法，他的研究工作取得了突破性进展。

和上一章的亚里士多德一样，阿利斯塔克斯一直等待着，直到等到了一次月食，地球的阴影落在了月球上。

他观察月球移动时，地球投在月球上的影子。在月相为上弦或下弦（月半圆）的瞬间，太阳、地球、月球会形成直角三角形。毕达哥拉斯在几个世纪前就确定了三角形边长的关系。

阿利斯塔克斯利用三角形的有关知识，通过计算，得出一个前所未有的结论：月球的大小大约是地球的三分之一。而且

与月球到太阳的距离相比，月球到地球的距离要近得多。

阿利斯塔克斯估计，太阳到地球的距离是月球到地球距离的20倍以上。即使数据不够准确，他仍是最早大致了解太阳系中关键成员排序的人。

为了做到这一点，他将影子作为一把卷尺，可以测量地球到月球距离的卷尺！

故事25

测量地球的人

谁是最早测量地球大小的人？

金姆（Kim），9岁

这个问题听起来很简单，你可以在互联网上搜索结果，但答案可能不尽如人意。

搜索过后，你会发现很多深奥的论文，其中有很多我们难以理解的希腊语名字和复杂的图表。

其中最常提及的是古希腊数学家、地理学家、天文学家埃拉托斯特尼。

当这种情况发生时，建议你阅读不同版本的资料，如果有必要，反复阅读直到你全面了解整个故事的来龙去脉为止。

然后把这个故事讲给别人听，确保你已完全理解整个故事。

接下来，和我们一样，你需要将整个故事写下来并分享给大家。

一头骆驼帮了大忙

与上文中的阿利斯塔克斯的故事相似，埃拉托斯特尼是古罗马图书管理员，他也热衷于解开谜团，他想测量整个地球的大小。

阿利斯塔克斯已经初步估算出了地球的大小，埃拉托斯特尼想获得更准确的测量结果。

但是如何做到呢？

仲夏的一天正午，在赛伊尼市（现在的阿斯旺市），他注意到太阳没有阴影，在同一时间段的亚历山大市，太阳却有阴影。

这两种不同的情况意味着什么呢？

由于太阳光是直线传播，这一定意味着赛伊尼市在太阳的“正下方”（因此没有阴影），但亚历山大市与太阳的角度略有不同（因此阴影很小）。如果地球是弯曲的，这就说得通了。

他测量阴影以计算出太阳照射高度角的角度，发现其正好是一个圆的五十分之一。现在他必须计算出这个圆的五十分之一有多长。

他马上想到可以去找骆驼！他问一位养骆驼人骆驼的行进速度，以及往返两个城市所需的时间。得到答案后，他把计算得到的距离乘50，就得出了地球的周长。

1700年后，克里斯托弗·哥伦布错误地估计了地球的大小，他试图从欧洲前往亚洲，但最终来到了美洲。他应该事先学习一下埃拉托斯特尼的研究成果，在当时，这个研究成果已被收录于教科书中。

如果你在一个阳光明媚的早晨读到这篇文章，你可以尝试

再做一次他做的实验。

中午的时候在地上立一根棍子。测量由三个点组成的太阳高度角的大小：棍子的底部、棍子的顶部和阴影的最远的点。

你可能无法找到一头骆驼，无法用与埃拉托斯特尼相同的计算方式完成计算。但你可以使用互联网让在另一个国家的朋友做同样的事，同样算出他所在城市太阳高度角的大小。由于太阳离我们非常远，它的光可以认为是平行光，它们高度角的差别就相当于两个城市地心转过的角度，结合两个城市的直线距离，你就可以算出地球的周长。

你也可以请地理或数学老师来帮助你。

让人感到无比兴奋的是，对阴影加以思考和简单的数学运算可以让一个人对一个可以容纳所有人的行星进行测量！

故事26

两千年前的计算机

谁研制出第一套导航计算机（GPS）系统？

赛娜斯女士（Mrs. Senasinghe），50岁

获得此答案最直接的方式是在互联网上搜索。

或者我们应该查询是谁设计了最早的导航地图。

或者我们应该查询是谁制造了第一台计算机。

在互联网上，我们发现了一个故事，这个故事与一项古代科技有关，这项古代科技在失传1500多年后再次出现。

这是一台在沉船中发现的神秘装置。这艘船沉没于2000年前，比查尔斯·巴贝奇出生的那一年早了1800年。

2000年前的计算机

曾经有一个新手父亲觉得他的孩子与大海之间有一种神秘的关系，于是，他给孩子取名“波西多尼乌斯”，意思是“海神之子”。

孩子长大后在运动方面天赋禀异，大家都称他为体育健儿。

大约在公元前100年，人们开始对制造能够“思考”的装置充满兴趣，对，就是计算机！

当然，这些装置绝非我们今天使用的计算机，而是由齿轮、指针和铭文组成的机械器具和金属装置（我们称之为“模拟计算机”，以区别于“数字计算机”）。

泰勒斯、阿基米德和希帕克，他们制造的计算装置的计算速度都超过了常人的计算速度。这位体育健儿紧紧跟随他们的脚步，也制作了一套计算装置。

这套计算装置可提供有关太阳、月亮和行星的运动规律，日食和月食，以及奥运会举行年份等信息。

这套装置不只作用于此。

一位船长想运用这套装置实现一个重要且实用的功能。在汪洋大海中的一艘船上，这套装置将被作为一台导航计算机来使用，这是一种对水手们来说至关重要的工具。

行船时，除了星星、太阳和月亮之外，没有任何地标。如果水手们有一套装置，这套装置能根据天体位置来确定这艘船的位置，他们就永远不会迷失方向。

大约在公元前70年，一条船上有这样一套装置，这套装置可能由波西多尼乌斯制造，或采用相似设计制造。这种装置每一次旋转能模拟太阳的运动，还能显示白天和晚上月亮和五大行星的运动。

但这艘船后来在希腊安提基特拉岛附近沉没。

2000年后，深海潜水员发现了一台带有超过30个齿轮的青铜装置。人们经过数年的研究后才发现，这个被称为“安提基特拉”机械装置的物体是世界上最古老的模拟计算机。与其功能相近，被称为天文钟的装置500年后才出现。

这像是遗留在海床上的一条讯息，提醒今天的人们，古代科技是多么先进与发达。

这似乎也是“海神之子”留给后人的一个遗迹！

故事27

最早的报纸

最早的报纸是刻在石头上的吗？

埃里克（Eric），14岁

起初我们想确定这个问题的严肃性。

我们想起古人阅读洞穴岩画上绘画的描绘。

我们认为还是需要查阅或搜索一下相关信息。

我们以“报纸”为关键词，在百科全书中查询，并在互联网上搜索，了解到最早的报纸于17世纪出现在欧洲，印刷在纸张上，而非刻在石头上。

当我们要结束查询时，我突然想起：古罗马时代的人们有《每日纪事》，这是不是就是最早的报纸？

我们开始研究古罗马时代人们的生活状况，并有了一个让人眼前一亮的真实故事，准备在问答赛结束后分享给全班同学。

想象一下刻在石头上的“报纸”

公元前59年，古罗马君主凯撒大帝的军队占领了欧洲的一大片地方，形势大好。

古罗马人成功的秘诀在于他们组织工作做得非常好，特别是在信息处理这方面。

在此前的70年里，一些重要事务，如法院判决书，会被镌刻在一块岩石上，有时也被镌刻在一片金属上，方便当地行政官员审阅。

随着时间的流逝，每天都有这种形式的公告出现，公告内容也越来越丰富和广泛，有时会被抄写在羊皮纸上，以便流传到更远的地方。

这种公告形式被称为《每日纪事》。

公元前59年的一天，凯撒大帝萌生了一个想法：为什么不让每个人都能看到这份公告呢？

公众可能会喜欢这种公告，如果它能方便人们获得更多信息，还有利于社会的发展和进步。

于是，《每日纪事》成为第一份在古罗马撰写并在全欧洲发行的公告。《每日纪事》公告由刻在石头上的重要公告内容组成，发行时间持续至公元330年左右，当古罗马君主君士坦丁一世离开后，《每日纪事》停办了。

发行一份日报是一个好主意，但1300年后这个世界上才再次出现一份日报！

所以，最早的“报纸”是刻在石头上的。因为刻在石头上的《每日纪事》以“报纸”的形式持续发行了一段时间。

故事28

最早的镜子

谁制作了最早的镜子？

席军（Xi Jun），12岁

通过广泛和大量的阅读，我们知道，人们最早将平静的池塘水面作为一个反光表面。这样说来，是大自然制作了最早的镜子。

在中国，很久以前人们将金属片表面用作反光表面当作镜子使用。据中国考古研究，已发掘出距今4000多年的铜镜，镜面铸有精美造型纹饰。

我们继续阅读更多的书籍资料，最后终于找到做出最早的现代玻璃镜的人，我们将在午休结束时分享一个与他有关的故事。

最早在玻璃镜中看见自己微笑的人

2000年前在西顿——黎巴嫩西南部港口城市，有一位玻璃吹制工匠，他一直在思考一个问题。

他知道人们都想看到自己长什么样。然而，金属反光板很昂贵，容易划伤人，还容易失去光泽。

大自然的反光效果要好得多。你可以站在池塘的堤岸上往下看。水面静止时，你可以看见自己的脸，没有金属反光镜中的暗淡无光，恰恰相反，非常清晰并充满生气。但是，这些短暂的清晰时刻很快就被鱼类、昆虫或大风破坏。

历史学家们并不知道这位玻璃工匠的名字，当时他想知道车间里生产的玻璃是否可以用于制作一种反光效果良好的产品。玻璃比池塘里的

水更清澈，而且没有鱼类、昆虫或大风的破坏。

但玻璃没有反光能力，成像效果肯定无法与经过抛光的金属相提并论。

如果他在一块玻璃上镀上一层金属呢？会看到什么？成像效果是更好呢，还是更差？

他做好一块玻璃，由当地金属加工工匠在上面镀一层薄薄的熔化金属层。

啊！玻璃工匠惊讶得下巴都要掉下来。

他看到了一幅色彩丰富的图像，就像静止池塘里的倒影一样清晰，没有鱼类、昆虫或大风的破坏。

他也看到了自己惊讶的眼神，张开的嘴巴和脸上灿烂的笑容。

故事29

自动售货机的发明

谁发明了自动售货机?

菲利普（Philip），17岁

有些人工作到很晚，在食堂或饭店关门后才下班。

对于这些人来说，在深夜能提供食物和饮料的自动售货机就像是救命稻草。

那么，是谁发明了自动售货机？你可能会认

为是一家销售大众饮料或零食的大型公司或一家碳酸饮料公司。

但这次研究的结果让人们感到非常意外。

查阅书籍、搜索互联网之后找到的答案将我们带回到2000年之前的欧洲。

一台具有悠久历史的现代机器

有一位发明家名叫海伦，他生活在2000年前的古罗马亚历山大市，本书中有好几个故事都与这个城市有关。

他注意到，各种文化背景下的人们都有用“圣水”洗头或洗澡的传统习俗。

在希腊，人们晚上安歇前会熄灭庙宇中的“圣火”。熄灭“圣火”的水将被作为“圣水”，但无人会通宵达旦地销售“圣水”。每个人都必须等到第二天早上才能买到“圣水”。

他开始考虑自己是否能够制作一台自动售水机。

他是一名热衷于创造的发明家，对如何将金属熔化并制成各种形状的工具和装置非常感兴趣。他曾在实验室里制作了一台早期的蒸汽机。

有一天，他灵光乍现。

他制作了一台机器，这台机器的内部有一罐“圣水”和一个投币槽。

将一枚硬币从投币槽中投入，硬币会掉到与一根杠杆相连的一个金属表面。硬币的重量会使杠杆失去平衡并打开一个阀门，使“圣水”流出。硬币会逐渐从金属表面滑下，使阀门关闭，来为下一位顾客做好准备。

顾客们在这个过程中可以将手心盛满“圣水”，然后把水洒到自己的头上。

海伦的这台自动售水机是历史上最早使用硬币的自动售货机。如果他知道今天的人们可以从自动售货机上买到各式各样、种类繁多的商品时，一定会感到惊讶不已！

第五章

新历法开始后的
7个故事

故事30

最早的卫生纸

谁发明了最早的卫生纸？

哈维尔（Javier），11岁

这项特殊的发明，与世界上很多伟大的发明相比，可能会显得微不足道，但我们仍然会认真对待，并给出令人满意的答案。

我们在互联网上进行搜索，没有找到这个问题的答案。

我们查阅大型卫生纸制造商的网站，同样也没有答案。

就在我们快要放弃的时候，突然想出一个办法。

也许我们无法认定具体是谁发明了卫生纸，但是我们可以确定谁最早做出价格低廉并可大批

量生产的纸张，这是人们能在厕所中使用纸的前提。

很快我们就找到一个真实故事，能够证明我们上述观点的正确性。

马蜂的秘密

很久以前，一只马蜂从一棵树上撕下一小片碎木纤维，带给同伴。

渐渐地，马蜂们将大量的碎木纤维集中在一起，掺入水，并在上面轻轻踩踏，这些碎木纤维就变得像一张小纸片。夜以继日，不停地辛勤劳作，越来越多的“小纸片”最终组成了一个马蜂窝。

在中国东汉时期，一个名叫蔡伦的人注意到了这些。他是一名侍奉皇帝的宦官。那时，人们已经开始书写，但纸张都采用竹简、丝绸等，这些材料要么不便携带，要么非常稀少和昂贵，所以由这些材料制成的纸张价格不菲。

“我也能像马蜂一样，能够从无到有地做出可以书写的纸张。”他自言自语道。

他用树皮纤维、麻类纤维碎片、旧布和破渔网做试验。

通过试验，他知道了，有些纸浆在太阳光下晒干后就能成为平整可用的纸张。建立一个大批量生产系统，纸张将变得越来越便宜，甚至普通大众都可以使用。

在此之前，人们在木板上雕刻文字或图片，再将这些文字和图片印制在丝绸或类似材料上。蔡伦改进造纸术后，造纸术很快被普及，主要用于书写和印制重要文件。

最后当其价格变得足够便宜时，普通文件的书写也开始使用这种纸张，使用后的纸张还可以回收作为卫生纸使用。

通过这个故事，我们得出一个结论：当开始大规模批量生产纸张，并且纸张的价格变得极其低廉后，人们才开始使用卫生纸。

故事31

偶然造就的纳米技术专家

谁发明了纳米技术?

程先生（Mr.Cheng），47岁，理科教师

关于“最新发现”的问题很容易回答，只需在互联网上搜索就可以找到答案。

1986年美国科学家德雷克斯勒博士在《创造的机器》一书中提出了分子纳米技术。

我们决定详细阅读一些科学类书籍，却发现了一个让历史老师和物理老师都惊讶的故事。

神奇的高脚杯

公元4世纪初的一天，一个古罗马玻璃工匠来到他工作的车间。

在这个车间中，其他工匠正在制作昂贵的金银器皿。

玻璃工匠想做出一只极高品质的玻璃酒杯，他需要对原材料进行深度研磨。经过深度研磨后的粉末，比面包师的面粉还要细。

由于其他工匠在工作时不细致，致使玻璃工匠的原材料粉末中被掺入微量金银粉末。

玻璃工匠尽其所能，花费大量的时间把原材料磨得尽可能细，因为他确实很想做出一只极高品质的玻璃酒杯。

最后，玻璃工匠制作了一只约15厘米高的翡翠绿玻璃酒杯，杯身描绘的是古希腊神话中色雷斯之王与酒神。

刚做好时，他离开了一会儿，让玻璃酒杯有足够的时间冷却。

当他回来后，把玻璃酒杯拿到窗前，在阳光的照射下检查杯子是否有瑕疵，这时翡翠绿玻璃酒杯变成了酒红色。他移动了一下手，玻璃酒杯又变成翡翠绿色。

他惊讶得张大了嘴巴，这看上去就像是在变魔术。这就是闻名于世的卢奇格斯杯。

这种变色效果曾困扰了众人多年，直到2013年，科学家们才揭开卢奇格斯杯的谜团。

首先，非常关键的是玻璃原材料中需要掺入微量金银粉

末。其次，玻璃工匠的工匠精神和工匠技艺。他将颗粒研磨成纳米级别的微粒，这些微粒直径大约50纳米（毫微米），是盐粒直径的千分之一。

当不同角度的光线照射到玻璃酒杯时，酒杯中的细小微粒的电荷振动能够改变酒杯呈现的颜色，而不同的观察角度也会带来不同的视觉效果。

因此，这个默默无闻的古罗马玻璃工匠是世界上最早采用纳米技术的人。

故事32

最早的女扮男装

谁是最早的女扮男装的人？

金姆（Kim），23岁

这不是一个关于历史发现的问题，而是一个非常有趣的问题。

我们知道许多古代有关男扮女装或女扮男装的故事，大多是古代神话故事中滑稽情节的一部分。

有一个经典故事《花木兰》。花木兰生活在中国南北朝时期。她将自己装扮成一名男性士兵，替父从军。千百年来，人们用诗歌或其他文学形式来歌颂她。近几年，迪士尼公司拍摄同名电影来纪念她。

在互联网上，我们搜索到一个关于玛丽娜修士的故事。相关资料显示，她出生于公元5世纪或公元8世纪。

玛丽娜本是一位女性，却以男性身份度过一生。

一位沉默寡言的修士的秘密

玛丽娜的父亲给她带来一个坏消息：他决定去修道院当修士，要在修道院中度过余生。

在玛丽娜十几岁的时候，她的母亲去世了。她做出一个出人意料的决定：她要成为一名修士。而她要去的修道院只接受男人！于是，她剪掉头发，穿上男装，发誓在余生只做男人。

她和父亲长途跋涉来到黎巴嫩卡迪沙山谷内的一座沙漠修道院。

十多年后，她的父亲去世了，从此她女扮男装改名马里诺斯，成为一名“修士”。

有一天，当地旅店老板的女儿怀孕了，她谎称马里诺斯“修士”是孩子的父亲。

显然，马里诺斯“修士”可以证明自己不是孩子的父亲，但她选择保守自己的秘密。于是，马里诺斯“修士”被判为有罪。她被赶出修道院，只能在修道院门口乞讨为生。旅店老板蛇蝎心肠的女儿甚至把孩子丢给这位饱受非议的“修士”，马里诺斯用从当地一位农户那里讨来山羊奶喂养孩子。

就这样过了10年，“修士”才被允许回到修道院。她在40岁时去世，当其他修士在葬礼前给马里诺斯整理遗体时，才发现她是一个女人。

修道院院长和镇上的人为他们愚蠢的行为感到愧疚，并发誓会永远将她铭记在心。最终，旅店老板的女儿也受到了应有的惩罚。

直到今天，世界上仍有几家教堂专门为她设立纪念日，每年都会在纪念日当天为她举行纪念仪式。

故事33

最早飞行的人

谁是最早飞行的人？

阿德莱德（Adelaide），12岁

答案是莱特兄弟中的一个，不是吗？或他们竞争对手中的一个，因为我们知道当时其他人也在尝试类似的发明。

我们拒绝接受看似显而易见的答案，而是选择深入研究去寻找更准确的答案。

我们知道中国历史上有关于火箭和风筝的故事，所以我们选择这个方向展开研究。

最终我们发现一个让人感到非常伤感的故事，

在午休结束时我们分享这个故事。

被判死刑却因飞行永载史册的人

在中国南北朝时期，有一位名为元黄头的北魏没落皇族，封号安平王。

后来政权更迭，北齐皇帝高洋继位后开始对前朝皇族进行治罪和迫害。安平王元黄头和家人也被定为囚犯关押在监狱中。

公元559年，北齐皇帝高洋想出一个新奇的杀人方法。每隔一段时间，他就会命令侍从把一名囚犯和一只巨大的风筝一起带到120多米高的金凤台上。

囚犯被绑在风筝上，然后从高塔上推下。与此同时，地面上的侍从们会奔跑并拉拽风筝线，但风筝从未飞起来。因为，

囚犯的体重相对于风筝来说实在太重了，每个囚犯都会从高塔上坠落而死。

很快就轮到元黄头。

他被带到塔顶，站在塔顶边上，身体与一只风筝绑在一起。随着皇帝一声令下，他被人从塔顶推下。

但是他没有像一块石头一样坠落到地面。恰恰相反，大风使风筝和他一起向上飘起，并越过城墙，他飞行了一千米又一千米。

当他在空中飞行的时候，他以其他人从未有过的视角俯视这个城市。可能他早已被吓破了胆，或者早已将生死置之度外。

元黄头虽未被摔死而是“飞”到城外，但他很快被卫兵抓住。疯狂的皇帝下达命令，将他重新押入监狱，不提供任何食物，将他活活饿死。

这是一个伤感的故事，但元黄头作为最早的“飞人”被载入了史册。

故事34

最早的航空快递包裹

谁送达了最早的航空快递包裹？

穆尔蒂（Murti），13岁

这个问题看上去也很容易。

在互联网上快速搜索一下，会发现有很多报道提到，1785年一名男子用一个巨大的热气球送达一封信，以及20世纪初首次出现在印度的航空快递航班。

我们认为，如果查阅更多与人类社会早期发现有关的资料，或许会有一个更早的例子。于是，我们继续搜索，并发现了一个精彩而又真实的故事，来分享给大家。

飞翔的水果

公元975年，在埃及开罗有一位叫阿齐兹的人非常喜欢樱桃。

在黎巴嫩巴勒贝克的一家果园里生长着一种非常出名的樱桃，阿齐兹一直希望有机会品尝这种樱桃。

埃及开罗到黎巴嫩巴勒贝克的距离超过640千米。

他能下单订购吗？两地相距这么远怎么运送呢？

用骆驼把一篮樱桃从巴勒贝克送到运送到开罗，需要好几周的时间，水果在到达之前就已经腐烂了。

幸运的是，阿齐兹拥有一位具有非凡智慧的高官——维齐尔。

维齐尔通过“特快专递”（一种比普通运输系统中的骆驼快得多的马）给黎巴嫩巴勒贝克的一家信鸽服务处发出一封信。

他们派出了300只信鸽一共采摘了600颗樱桃，每只鸽子腿上的小信袋里都放了两颗樱桃。

鸽子飞到埃及开罗，只需要一天时间。

阿齐兹看到这一大堆新鲜樱桃后非常高兴。维齐尔也创造了历史——用信鸽送达了世界上最早的“航空快递包裹”。

故事35

字

活字印刷术发明人

谁是最早的活字印刷术工匠？

诺亚（Noah），13岁

我们输入印刷术并在互联网上搜索，发现了很多关于德国铁匠约翰·古腾堡在15世纪发明与革新欧洲“铅活字印刷术”的文章。欧洲“铅活字印刷术”大大促进了大规模市场化印刷业的发展，并开启了启蒙运动时代。

这些文章还提及，还有一种更早的印刷术，但技术很难掌握，而且速度很慢。在中国唐朝，人们将文字和图片雕刻成木块，并将这些木块作为印章，印刷的时候在凸起的字体上涂上墨汁，将文字和图片内容印在平面上，这就是雕版印刷。

我们继续查阅，并注意到一些重要的细节。经过深入研究后，我们发现一个更早的与活字印刷术有关的故事。

中国古代四大发明之一——活字印刷术

活字印刷术的发明是印刷史上一次伟大的技术革命。

中国北宋年间，如果富人要印刷一页纸，他会雇用工匠在一块木板上手工雕刻文字。如果要印刷第二页，就继续雕刻第二页的文字。于是印刷一本书需要好几年时间。

公元1041年，一位名叫毕昇的书肆刻工总结了历代雕版印刷的丰富实践经验，针对当时印刷有了一个想法。

如果每个汉字都有一块单独的字模，并根据具体顺序排列，用一个字盘来固定，能否加速图书的印刷呢？

这样就可以根据图书的文字顺序排列字模印刷一页纸，并重复印刷任意数量，还可以移动字模，重新组合来印刷第二页和第三页，以及后续页码。

一个字盘可用于印刷各种页面，数量不限！

他开始做试验，发现做字模最好的材料是脚下的黏土。黏土可以变得比木材更光滑，经陶炉烤制后很结实，不容易断裂。

他以黏土为材料制作了几百个字模，组合后用铁框字盘将这些汉字字模块固定在一起。

他采用不同的文字组合来印刷各种各样的文章。

毕昇发明的活字印刷术，完成了印刷史上一项重大的革命。这项技术也很快开始在世界上广为流传。

故事36

最早的法医侦探

谁是最早的犯罪现场调查员？

玛雅（Maya），10岁

这个问题的灵感来自一档《犯罪现场调查》的电视节目。这是一档与法医侦探有关的侦探类节目。

当然，古时候有很多关于侦探的故事，但哪一个是以法医的视角来讲述的呢？

我们查阅书籍并在互联网上搜索，最终一个来自中国南宋时期的案件与我们的要求相吻合。

法医宋慈

中国宋朝有一个名叫宋慈的提刑官，他可能是世界上最早的法医侦探。他开创了“法医鉴定学”，被尊为“世界法医学的鼻祖”。

他在1247年写的一本关于法医侦探的书，已经被翻译成很多种语言广为流传。

1235年，在一个村庄中发现一名农民的尸体。死者是被某种锐器刺死或砍死的，犯罪现场附近没有目击者。

这是谁干的呀？看起来似乎没有任何线索。

调查人员收集了各种刀具，并用这些刀具切开了一具动物尸体。最终他们得出结论，凶器是一把带有锋利和弯曲刀刃的农用镰刀。

所有在田地干活的农民被集中在一起，并被要求出示各自

的劳作工具。

他们的镰刀上看不到任何血迹。

当调查人员站在那里想着下一步该如何做时，一只小丽蝇停在其中一把镰刀的刀刃上，第二只、第三只紧随其后，都飞向同一把镰刀的刀刃。

很快，这把镰刀的刀刃上就有了一群丽蝇。调查人员发现，其他镰刀都是用来割水稻的，丽蝇们不会感兴趣。只有一把镰刀接触过血液，所以丽蝇们都会飞向这把镰刀。

宋慈在书中写道，这把镰刀的主人最终承认他杀害了那位农民，最终镰刀的主人受到了严厉的惩罚。

第六章

现代世界的

7 个故事

故事37

发现咖啡的人

谁发现了咖啡？

米洛（Milo），10岁

这个问题听起来很难回答。但有一个故事广为流传，在互联网上也随处可见，甚至一些咖啡包装袋的侧面都印有这个故事。

这个故事是真的吗？这很难回答，我们找到了一个更接近事实的故事。

我们决定在午休结束时分享这两个故事。

一种提神醒脑的饮料

在9世纪的埃塞俄比亚，有一位名叫卡尔迪的牧羊人。

他注意到，当山羊吃了一种红色浆果后就会神采飞扬。他拿着这种红色果实给当地的一位修士看，修士将浆果扔进火里，没想到果实散发出令人垂涎的香气。

直到1671年这个故事最早的书面版本才出现，对咖啡树DNA的研究成果表明，咖啡确实起源于埃塞俄比亚，所以这个故事有可能是真实的。

16世纪一篇文章中的另一个故事告诉我们，咖啡如何成为一种广受人们欢迎的饮料。这个故事并不出名，但在咖啡征服世界的历史上具有重要意义。

一位名叫奥马尔的理疗师生活在也门海岸的一座名为摩卡的城市。

人生总是充满机遇和挫折。因为一场争执，奥马尔被流放到一个沙漠洞穴，在那里他很有可能被饿死。附近除了一种非洲浆果灌木外一无所有，可是，这种灌木的果实太苦了，无法直接食用。实在是太饿了，他尝试对这种果实进行烤制，想知道味道是否会变，但烤制后果实变得更硬。于是，他只能将其放在柴火上煮，使其变软，意外地获得了一种棕色液体。

味道仍然很苦，却令他精神振奋。

他靠这种神奇的果实成功地活了下来。

奥马尔劫后余生的消息不胫而走，被邀请回到摩卡分享他的秘诀。

15世纪初开始有文献记载咖啡的使用方式，同时，咖啡也成为民间的一种日常饮料。

1470年，第一家咖啡店在沙特阿拉伯的麦加开业。几百年来，咖啡一直都是一种受广大人民钟爱的饮料。

虽然咖啡豆和加工工艺都是一样的，但一种名为摩卡的咖啡更受人们的喜爱，尽管很少有人记得摩卡是一位名叫奥马尔的理疗师的家乡。

最早的铅笔工厂

谁制作了最早的铅笔？

皮尔（Pierre），12岁

这个问题很简单吗？听起来似乎是这样。我们在百科全书和互联网上查阅并搜索了关于铅笔的历史。

大多数信息来源表示，第一支铅笔是1761年德国化学家卡帕斯·费勃制成，也有人说是法国人尼克勒斯·杰库斯·康特在1795年制作了第一支现代铅笔。

还有信息称，制作铅笔的原料来自16世纪初期发现的，一座位于英国的石墨矿。

这几个时间点之间发生了什么呢？

我们决定进一步深入研究。在互联网上，我们发现一本19世纪初期的英国旅游指南，里面提到一个“石墨”矿。这本书中还写道，这种名字怪异的矿物是一种高价值软岩，可用于书写。

但在当时，无人知道其价值，人们只是用这种矿石，来标记在附近吃草的羊群。

我们一起来看看这个故事！

神秘的软岩和石墨矿

1564年，一场猛烈的暴风雨袭击了英国。

这场暴风雨吹倒了坎兰郡的一棵大树，一片像煤一样黑的东西在树根处露了出来。

当地的一个牧羊人捡起一块这种黑色矿石，在羊身上涂画，给它们做标记。

消息传开，吸引了很多专家前来调查，发现那里有一个巨大的黑色软岩沉积矿床，他们将这种黑色软岩称为石墨矿石。

在矿石开采的过程中，矿工们逐渐意识到，如果从一块矿石上锯下一根细棒，并用羊皮或绳索包裹起来，他们就可以获得一支笔，一支永远无须蘸墨水的笔！太神奇了！

人们还在其他地区发现了石墨矿粉，包括巴伐利亚（现在的德国）和阿兹特克（现在的墨西哥），但这座位于英国的巨大的石墨矿一直是世界铅笔业的中心。

洗发水的起源

洗发水(Shampoo)这个词真有趣！最早的洗发水是用大便(Poo)做成的吗？

匿名

这一定又是一个淘气的孩子提出的问题，奇怪的词一般都会有一个非同寻常的起源，这值得去研究一番。

我们也确实这样做了。

我们发现Shampoo不是一个原生的英语单词，在成为一个英语单词的过程中还有一个很有意思的故事，我们还可以在互联网历史资料库中搜索到这个故事。

奇怪的夫妇

18世纪时，有一个名叫谢赫·丁·穆罕默德的印度男孩儿。

他的家族世代都是理发师，家里弥漫着香薰油的芳香。他们会用这种香薰油给每位顾客提供头部按摩服务，在当地语言中，这种按摩服务被称为“Champo”。

在谢赫·丁·穆罕默德10岁时，他的父亲去世了。

1782年，一名英国士兵收养了谢赫·丁·穆罕默德。英国人奇怪地把他的名字拼成萨克·迪安·穆罕默德。他的名字由三部分组成，英国人只记住了中间的迪安，于是，大家都叫他迪安。

迪安长大后非常聪明，他有好几份工作：他是一个作家，

是一名医生，还在英国开了第一家印度餐厅。

他娶了一位名叫简的爱尔兰女孩儿。在当时，一位亚洲人和一位欧洲人组成的婚姻让所有人都感到非常震惊，但这对夫妇的小日子一直过得开心自在。

有一天，迪安想起他的父亲，并产生了一个想法。他和简在英国的布莱顿开始经营一项医疗服务：印度香薰油头部按摩服务。这项服务非常受欢迎，甚至连英国女王都想来感受一番。迪安被委任为女王的御用“洗发师”。英国人奇怪地将“Champo”拼写成“Shampoo（洗发水）”，还把这个单词用来指香薰油，而非按摩服务。

对此，迪安并不介意。从此，用香薰油洗头发的习惯就开始传遍全世界。

故事40

最早制造导弹的人

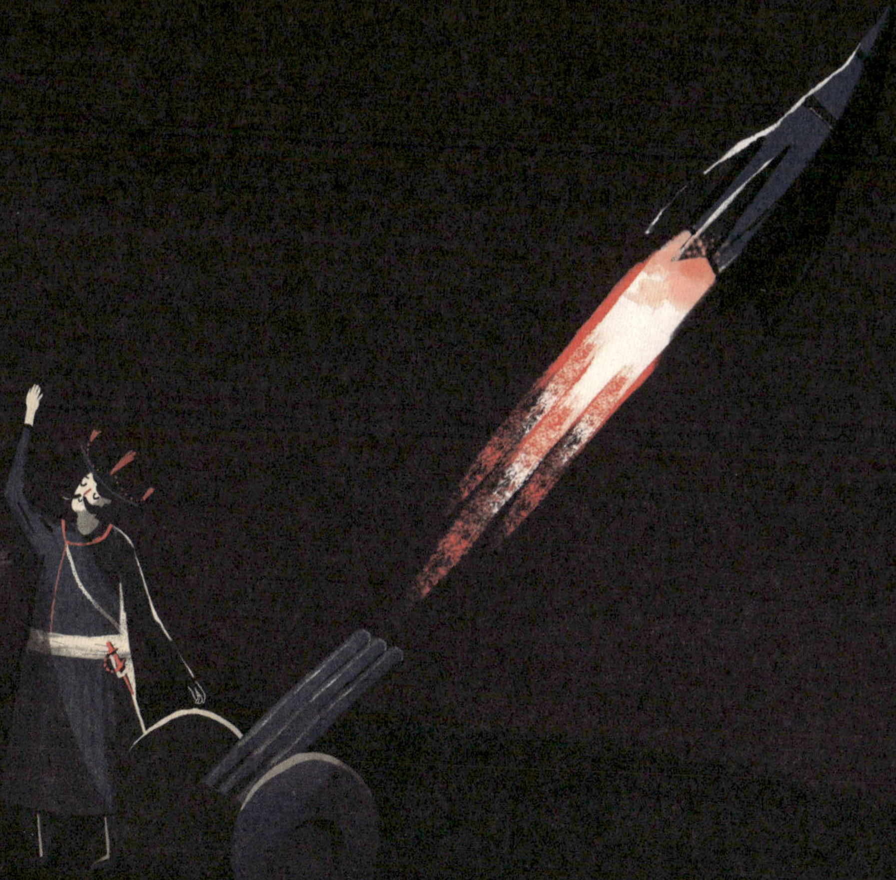

谁发明了导弹？

彬荷（Binh），10岁

对于这个问题，我们在互联网上输入“导弹的历史”进行常规搜索。百科全书告诉我们最早的导弹是德国组织专业人员在第二次世界大战中研发使用的飞弹。

导弹是一种装满炸药的飞行武器。我们知道火药的发明可以追溯到中国隋唐时期。那么，古代已经有军队在战争中使用火药了吗？

我们查阅很多文献资料表明，在几百年前，军队确实在战争中使用过装满火药的火箭弹，但大部分是被作为信号弹使用。

在印度还有一个有趣的故事。

这就是我们要给大家分享的故事。

将烟花变成武器

故事发生在大约在1720年的印度，军队中一位士兵的妻子生了一个儿子，取名海德·阿里。

她丈夫在军队中负责向空中发射中国式竹制“火箭弹”，作为信号弹在军队之间传递消息。

海德·阿里在迈索尔生活，长大后他也加入军队，成为一名士兵，后来还成为这片土地的领导人之一。

一些士兵会直接向敌军阵地发射“火箭弹”，这对敌军并不会产生多大的杀伤力。毕竟，这些“火箭弹”都只是作为信号弹使用，是用竹子和纸制成的，火焰也会很快熄灭。

于是，海德·阿里想出一个主意。

他让工匠们做了一个金属管，在金属管中放入火箭弹的燃料。

这样金属管内部就会发生剧烈的爆炸，巨大的能量从金属管底部喷出。

这枚威力巨大的“火箭弹”拥有足够的能量，足以让它完成远距离飞行。

然后，工匠们把竹筒或竹矛绑在这枚“火箭弹”的顶部来增加炮弹威力。

有时，顶部绑有长矛的“火箭弹”落在敌军阵

地中还会旋转，这种“火箭弹”就变成一种让人闻风丧胆的杀伤性武器。

通过多年不懈的努力，海德·阿里组建了一支由1000多人组成的“火箭弹”军队。他的儿子提普，后来将这支军队的士兵数量壮大到5000人。

在1780年的一次战斗中，上演了戏剧性的一幕。这些“火箭弹”的飞行距离超过1千米，其中一枚飞入英军的弹药库，引爆了整个弹药库，导致大规模连续剧烈的爆炸，使英军损失惨重。

“火箭弹”帮助他们赢得这场战斗。从此以后，导弹技术开始迅速发展。

A B C D E
F G H I
K L M N O
P Q R S T
U V W X Y
Z & 1 2 3
4 5 6 7
8 9 10

故事41

发明旗语的人

最早能快速传送信息的系统是什么？

埃洛（Errol），13岁

早些时候有人问起关于是谁最早发出短信息的问题，我们用中国古代周幽王烽火戏诸侯的故事来回答。

但是，周幽王的烽火实际上只代表一个意思：“京城有危险，快来。”那么，最早能快速传送信息的系统是什么？

这个问题需要花些心思。我们必须要考虑如何远距离快速传送信息。

这时我们注意到一位老师正在操场上挂旗帜，为学校开放日做准备。

我想这可能就是答案。

我们研究了一种被称为“旗语”的技术，即一种利用旗帜快速传送信息的沟通方式。

一个臂肘松垂的“巨人”

18世纪90年代，欧洲爆发了一系列战争。

在巴黎，法国领导人在焦急地等待前线的战报。通信兵为了带来战斗前线的最新战报，已经急速骑马好几个小时。

一位法国工程师，克劳德·查佩敏锐地发现，人们可以看见数千米以外的教堂塔尖。那人们或许可以利用塔尖来传送信息，这样传送信息就不需要耗费好几个小时，仅需几秒钟或几分钟。

克劳德研究发现，可以通过改变塔尖的形状来传递更详细的信息。于是，克劳德让人开始在巴黎和战斗阵地之间，建造朝向奥地利的塔楼。

他们尝试使用各种可以随意改变形状的塔尖，直到找到了一种可行的。

在塔尖上竖起一根木柱，将一根很长的水平横杆安装在这根木柱上。在水平横杆两端装上两根垂直臂，看起来像一对拿着旗帜的手臂；整个塔尖看上去像一个臂肘松垂、前臂摆动的巨人。

他们将手臂移动到不同的角度，并使旗帜部分朝上或朝下。这种结构有49种组合，比字母表中的字母数量都多，这样克劳德就能远距离快速传送信息。

这套系统运行非常良好，49种组合，能够按一个个字母来拼写单词，组成一个完整句子，再完成长距离传送。

这是一次巨大的成功！

很快航运业和航空业都对这种系统进行仿制，不过他们用真人代替塔尖，举着旗帜伸展手臂，以此来长距离传送信息。

克劳德称其为“旗语系统”，在希腊语中，克劳德的“旗语”是信号传递员的意思。

使用旗帜或许更方便，但我还是认为一个臂肘松弛、前臂摆动的金属巨人更加让人印象深刻！

故事42

最早的大型悬索桥

一个女人设计了大型桥梁，这是真的吗？

介石（Jieshi），15岁

你已经知道如何处理一个像这样的问题了。我们需要重新组织语言，提炼关键字，使问题的意思更加清楚。

显然，提问的人心里已经有一个特定的女人和一座特定类型的大桥。这个女人是谁？又是哪种类型的大桥呢？

我们需要查看一下桥梁类型列表，然后对照桥梁设计人进行核对。

我们就找到了问题的答案。

她未意识到自己所设计的桥梁的重要性

莎拉·比奇是简·奥斯汀的小说里的女主人公。1770年，她出生在英国一个富裕家庭，25岁时结婚，成为家庭主妇。

像简·奥斯汀小说里所有的女主人公一样，她心地善良，却有点不合时宜地喜欢从事原来专属于男人领域的工作。

她认为自己是工程师和发明家，即使当时只有男性才能申请专利。

1811年，当她41岁并是六个孩子的母亲时，她的建议解决了一个工程难题。当人们在宽阔的、水流湍急的河流上建造桥梁时，桥拱和桥柱最后会被水流冲走，整座桥梁随即倒塌。于是，人们需要不断地重建桥梁。

她主张在桥两端深挖一个地基，然后把桥的主体部分悬挂在河流之上。

在此之前的几个世纪，亚洲的河流上已出现了悬挂悬索桥。

即使在欧洲，其他工程师也已经有类似的设计。

但莎拉的设计理念极具创新性。她将自己的设计理念与一位著名的男性工程师托马斯·特尔福德进行沟通，托马斯·特尔福德采纳了莎拉的建议，用了6年左右的时间在威尔士建造了梅奈海峡大桥，在一段时期内，这座桥被称为世界上第一座真正的悬索桥。

这座桥梁非常完美，它宣告了巨型悬索桥时代的来临。

莎拉当时身旁有一个一岁大的婴儿和五个嬉戏吵闹的孩子，她仍有时间来证明六个孩子的母亲，也可以成为一位伟大的发明家。

也许莎拉真正的成就在于，在那个时代，架起一座桥梁来跨越那面隐形的、将男人与女人隔开的墙，让男人与女人可以并肩而行！

故事43

最早出现在照片里的人

谁拍了第一张照片？谁最早出现在照片上？

伊丽莎白（Elizabeth），13岁

答案并不简单明了。

通过在互联网上搜索，我们发现，1717年一名德国男子在一个装有化学物质的玻璃瓶上写了一个单词，经太阳光照射后，这个单词出现在瓶子中的化学材料上。这就是第一张照片吗？

1826年一位法国人将光线照射到含有某些化学材料的金属片上，并持续照射几天时间，由此获得墙壁的成

像，这才是第一张照片吗？

我们决定去寻找第一张包含人像的照片，因为提问者的问题是针对出现在照片里的人。

围绕这个主题阅读了更多文献资料后，我们获得一个答案，并将在午休结束时分享给大家。

隐身人的城市

19世纪30年代，在法国，有一个名叫路易斯·达盖尔的男人，他专门为戏剧演出绘制布景。

每次绘制布景路易斯都需要花费几个小时的时间。

一天，他听说科学家们正在利用光化学反应材料来捕捉现实世界的图片，整个过程不需要任何艺术天赋。但必须让光线射入一个封闭的盒子中，这个盒子被称为“照相机”，但这个词原本的意思是“一个圆形房间”。

路易斯对这项技术进行研究，并成功地找到一种化学混合物，它使成像时间仅需几分钟，而非数天。采用这种化学混合物，他拍了一张一条繁忙街道的照片。当他看到照片时，大吃一惊。

照片上只有建筑物，没有运行的马车和过路的行人！

后来才发现，由于设备需要几分钟时间来捕捉图像，静止的物体，如建筑物会清晰地显示出来，但移动的物体，如人和马车都不见了。

路易斯凑近看，发现照片上只有两个人。一个男人正给另一个人支付擦鞋的钱。由于站着不动，于是，他们成为最早出现在照片里的人而被永载史册！

你自己也可以试一下，将一台照相机设置为长曝光模式。让几个朋友一起跳来跳去，一个人静止不动。

通过这个简单的试验，你可以发现在你拍到的照片中，大部分人几乎都不见了，只有那个静止不动的人清晰可见。

第七章

刚刚发生的
7 个故事

故事44

最早的海上信号弹

谁发明了在船上使用的信号弹?

拉吉（Raj），10岁

陷入困境的水手们用信号弹来引起其他船只的注意。信号弹发射后有点像烟花，所以它有可能源自古代中国。

我们查阅了著名历史学家李约瑟的文献资料，在宋朝时期人们就使用了“信号弹”，即一种用来向军队传送信息的烟花弹。还有资料显示，在唐朝以前就有了“信号弹”。

不过，这种信号弹只在陆地上使用，所以这还未真正回答拉吉的问题。

谁最先想到在海上使用信号弹来发送信号?

我们发现海上信号弹的发明要归功于两个人。一个是名叫爱德华·弗里的美国海军军官，他在1874年开始使用类似烟花的“军械”（军事装备术语）。

另一个是美国一位名叫玛莎·科斯顿的女人。她传奇的个人经历让她开始研究海上信号弹的时间比爱德华·弗里还要早。

一条跨越大海的讯息

玛莎·科斯顿恋爱了。她的恋爱对象是一位名叫本的年轻小伙子，他是一位发明家。他在华盛顿特区担任美国海军科学试验室主任。

这一切看起来似乎非常幸福圆满。玛莎很快就成为三个孩子的母亲。

但是，悲剧发生了。正在研究化学品的本不幸中毒身亡，紧接着他们的两个孩子也死于一场流行病。

玛莎感到十分绝望，她极度伤心，还陷入了穷困潦倒的窘境。

一天，在一个大信封里的，她发现了她丈夫的一份设计草图，这是关于如何在海上发出白色和红色火焰的信号弹的，跨越大海传送讯息。即使缺乏所需的专业知识，玛莎还是决定勇敢一试，竭尽全力来完成这项工作。

她努力工作了很多年，设计了各种类型的火药，但还是无法成功设计出能发出白色和红色火焰的信号弹。

1858年的一天，她参加了一场在纽约举办的烟花展会。在展会上，她发现参展的制造商中有一些能够制作出其他颜色的

烟花，比如蓝色和绿色。

她受到启发设计出各种颜色的烟花。船只可以利用这些不同颜色的烟花，在海上相互发送消息。

最终她发明了“科斯顿信号弹”，这种信号弹后来成为美国海军的首选。

今天，船只出海时都会带上信号弹。信号弹是一种可以向天空发射鲜红色火焰的装置，当船只遇到危险时，发射信号弹可以让救援人员迅速到达事发地点。

故事45

最早录制的歌曲

谁最早录制了歌曲？

艾莉（Ellie），9岁

我们知道著名发明家托马斯·爱迪生曾经发明了用来播放音乐的留声机，但你知道谁最早录制了歌曲？歌名是什么？

这是一个非常有意思的问题，在历史文献和互联网上的发现让我们很惊讶。

这个人并不是爱迪生。互联网的搜索结果将我们带回19世纪的法国。

人类最早的录音

1860年，有一位法国印刷商很喜欢阅读他自己印刷的书。他的名字是爱德华·莱昂·斯科特·德·马丁维尔。

有一天，爱德华看到一篇文章，讲的是一位法国人发明了一种机器——可以记录真实生活的图像。

爱德华也想发明一种机器用来记录声音。

于是他开始研究声音通过人耳工作的原理。他从中发现，声音是由耳鼓采集的微小振动产生的，也许这些振动可以被记录下来。

他制作了类似人耳的录音设备。他使用弹性膜作为耳鼓来收集声音振动，用小杠杆代替由于振动而产生移动的精细耳骨，并用一个蜡筒来记录微小振动。

现在他只需要记录一些东西。他打开了自制的录音设备，决定唱一首歌曲《致月光》。

最终他得到了一个刻痕面，这是一张记录声波振动的微型涂层纸。

但是，他找不到回放的方法，不得不搁置下来。

这段录音音频轨迹的涂层纸一直被很好地保存着。直到距离爱德华去世已经超过130年了，人们第一次听到了人类最早的录音。

你们可以在互联网上搜索到这个音频文件，并聆听这段来自遥远的过去的歌声。

故事46

最早的合成器

谁发明了第一台合成器?

塞缪尔（Samuel），14岁

“合成器”这个词是指通过组合加工制作的一个装置，通过声音产生器或扬声器发出特定的声音。这个问题与乐器有关。

我们了解到，钢琴的历史可以追溯到公元1700年，管风琴的历史要早得多，可以追溯到公元前2500年。

有人猜测，20世纪60年代末或70年代初是合成器音乐蓬勃发展的黄金时期，这段时期也被称为现代流行音乐最具创造力的时期之一。

通过互联网音乐网站回溯，我们发现：合成器出现的时间要早得多。

国际电子音乐发展之源

1885年，一位名叫撒迪厄斯·卡希尔的年轻美国发明家读到了1862年一篇德国科学家的论文，这篇论文令他着迷。

这篇论文介绍了一个音符有两个主要部分：一个部分是基本音，这赋予其音高，例如C音、D音或F升半音。另一个部分是一些半隐蔽音，这些音符可以模拟演奏吉他、管风琴和钢琴产生的特色音乐。

擅长电气工程的卡希尔意识到，他可以利用这些，制作一个模拟乐器演奏的音乐键盘。一个电气元件产生演奏乐器时发出的乐音，另一个电子元件产生泛音。于是，这个音乐键盘可以模拟演奏小提琴、长号或钢琴的音乐。

在20世纪初，他发明了一台电传簧风琴。

好消息是，演奏效果达到预期。坏消息是，这台电传簧风琴的重量达到7吨，不方便运输。

还有一个问题是，那时现代音响还没有被发明，人们只能通过电话听筒才能听到机器产生的美妙音乐。

卡希尔想象了一下未来的情形：每个人都可以通过电话来欣赏优美的音乐。

此后，这台电传簧风琴流行了好几年时间，但人们很快就对它失去兴趣。对此，卡希尔并没有感到特别沮丧。卡希尔于1934年去世，除了发明电传簧风琴，他还给世人留下很多其他的杰出发明。

1967年末，正值撒迪厄斯·卡希尔百年诞辰之际，现代音

响系统已普及，他的梦想的第一部分变成现实，合成器成为一种便携式、使用方便的现场型乐器，流行音乐明星和乐队都开始在演出现场使用合成器。

稍后，他的梦想的第二部分也成为现实。大多数人通过电话或无线电话来感受电子音乐之美。

这个研究让很多人感到惊讶：谁会想到合成器出现的时间比电吉他还早。

故事47

早期的无线电通信

谁发明了第一台无线通信设备？

凯丽（Kelly），14岁

通过互联网搜索和百科全书查阅，我们知道无线电通信与19世纪90年代在英国工作的意大利人马可尼有关，我们还在互联网上搜索到他的照片。马可尼的无线电发报设备非常笨重，不容易搬运。

我们了解到，轮船在20世纪初开始使用马可尼的无线电发报设备，其中最著名的是1912年沉没的泰坦尼克号。正是轮船上的无线电求救信号被及时发现，从而最终使船上的700多人被营救。

我们在互联网上搜索时偶然发现一个鲜为人知的历史故事，分享给大家。

警官的秘密武器

警官弗雷德·唐尼碰到一个问题。他和同事们负责澳大利亚东南部维多利亚州的治安，治安区域面积有20多万平方千米。

当发现犯罪或可疑情形时，警察会在几分钟内跑到最近的电话亭，打电话给警察局寻求帮助，并给出详细地址信息。

虽然维多利亚州在1915年有了警车，但是当警察接到指令驱车赶到事发现场的，犯罪嫌疑人早已逃之夭夭。

有一天，警官唐尼提出了一个想法：警车在城市里巡逻时配备无线电设备，那么发生抢劫案件时能够很快到达事发地点。

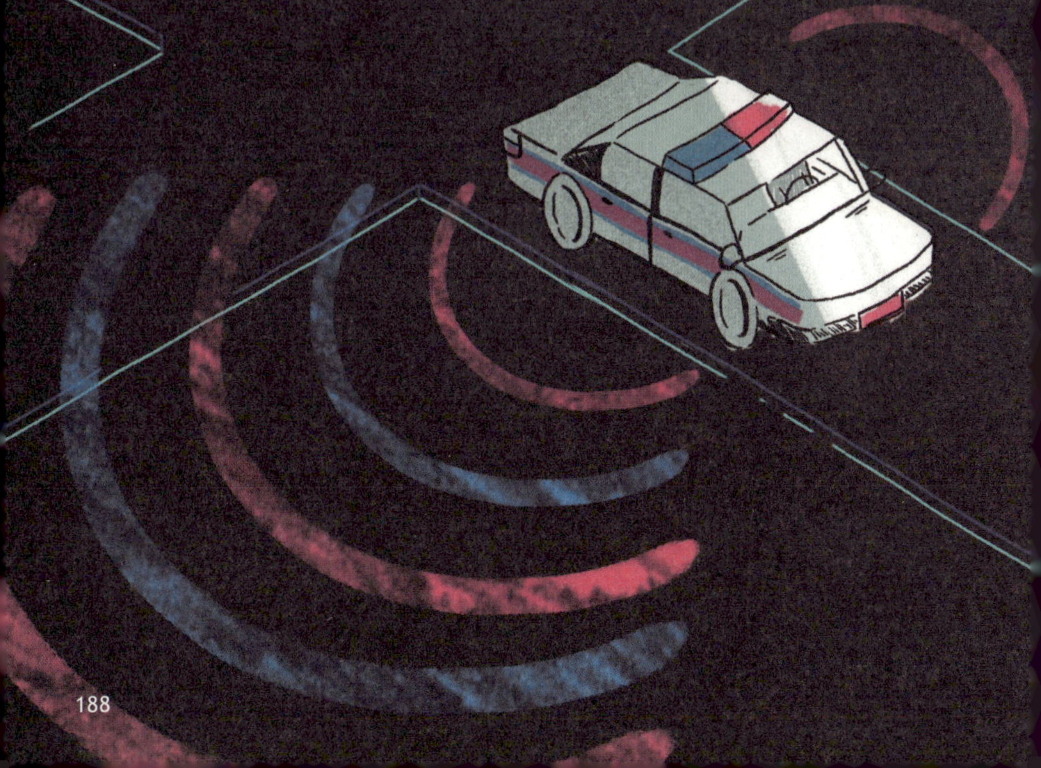

于是，他订购了马可尼设计制造的双向无线电的设备。这种设备很笨重，占用了警车后座大部分的空间，但收效显著。

当接到指令后警车到达犯罪现场的时间大大缩短，还能呼叫其他警车前来支援。

后来，世界上很多地方的警车也使用了无线电设备。

故事48

巧克力曲奇饼干的由来

谁烤制了第一块巧克力曲奇饼干？

埃丝特（Esther），10岁

大多数人都喜欢巧克力曲奇饼干。

那么，谁烤制了第一块巧克力曲奇饼干呢？

我们搜索到一位名叫黛比·菲尔兹的女人。

然而，我们继续搜索时发现，巧克力曲奇饼干的灵感来自40年前一份名为“巧克力棒曲奇饼干”的烘焙方法。

歪打正着的巧克力棒曲奇饼干

20世纪30年代，一位名叫露丝·韦克菲尔德的女人，在波士顿郊外高速收费站旁边开了一家带餐厅的旅店。有一天她决定为客人烘焙一些黄油夹心巧克力包巧克力块曲奇饼干。

通常，巧克力饼干的味道来自可可粉或一种用于烘焙的特别容易融化的巧克力。

因为平常用于烘焙的巧克力用完了，露丝就把一些普通巧克力棒切成小块，混合到面团里，然后做成饼干放入烤箱。

结果烤出来的东西很奇怪，巧克力块没有融化，有一部分露在饼干外面。

这会是一场“灾难”吗？恰恰相反：露丝的客人们都说这是他们吃过的最好吃的饼干。于是，她开始定期制作这种巧克力棒曲奇饼干。后来，露丝将自己的烘焙方法在报纸上公开，人们纷纷开始使用巧克力棒做曲奇饼干。巧克力棒曲奇饼干成为当时美国最受大众欢迎的饼干之一。

40年后，巧克力棒曲奇饼干的做法似乎已经无法再改进。

直到1977年，黛比·菲尔兹想出了一个改进方法。她把通常又小又脆的曲奇饼干做得很大，刚从烤箱里拿出来时又热又软，巧克力碎片在嘴里融化，唇齿留香。

黛比开店营业的第一天早上，没有一个人购买。但关于其美味的消息传开后，这种饼干很快再次登上最受大众欢迎的饼干名单。

故事49

胡萝卜和雷达的故事

吃胡萝卜能提高人在黑夜中的视力吗？

阿米纳（Ameena），12岁

对于这种说法，有一些人会相信，而另一些人可能会持怀疑态度。

我们开始查询与营养学相关的资料，这个问题似乎与生物学和食品化学这些学科有关。

最终，我们搜索到一个链接，将我们引向一个完全不同的领域：谍报活动与战争。

英军用胡萝卜掩盖雷达的秘密

1940年10月开始，德军对英国展开夜间轰炸。起初由于英军战机夜战能力有限，德军轰炸机几乎为所欲为。

但渐渐地，德国飞行员发现日子越来越难过，英国飞行员似乎都长了一双“猫眼”，能在黑夜里发现并击落德机，这到底是为什么呢？

对于这个问题，不光德军想知道答案，英国老百姓也想知道。于是，负责食物供给的英国官员宣称，英国空军飞行员吃了大量胡萝卜，正是其中的维生素使得他们的视力变得异常锐利。

一时间，伦敦街头巷尾，大家都在谈论胡萝卜的“丰功伟绩”。德国人虽然半信半疑，德国科学家也认为，胡萝卜中含有大量有利于视力的维生素，英国飞行员视力大增，很可能与他们的食物有关。

直到二战结束后，英军夜战王牌飞行员约翰·坎宁汉姆谈及此事，不禁大笑起来：“因为我们的飞机上装备了极为秘密的雷达仪器，能在夜间帮助我们准确锁定德机，就像我们长了一双‘猫眼’。而英国空军部为了掩饰该雷达仪器的存在，故意编造了个常吃胡萝卜让我们的空军具备夜视能力的故事。”

这个谣言取得巨大成功，甚至在70多年后的今天，人们仍然相信常吃胡萝卜可以提高人们在黑夜中的视力。

101011
0101

最早内置声卡的电脑

为什么从前的电脑游戏里只有简单的声响？

内森（Nathan），9岁

对现在小孩子们来说，这已经是一段久远的历史，对成年人来说，还记忆犹新！

在互联网上快速搜索一下我们就能知道，电脑发展史上的关键先生——艾伦·图灵，早在1948年就已经为电脑“谱曲”。

但内森小朋友的问题实际上是针对电脑音效。自电脑出现后，几十年内，一直都没有声音，后来逐渐开始有了简单的声响，有了简单的旋律。

而如今，高品质的音效和优美的旋律，让电脑大大提升了人们的使用体验。在电脑逐步发出的声响发展过程中，有哪些人值得大家铭记呢？

20世纪80年代到90年代期间涌现的一家高科技公司，成为我们故事的主角。

声卡改变了电脑无声的历史

我们这里的主人公名叫沈望傅——世界最大的非集成声卡生产商创始人。在大多数人眼中，他是一个性格内向、沉默寡言的书生。

20多岁时，在新加坡唐人街，沈望傅经营着一家电脑维修店。在人们的印象中，他身材瘦弱，戴着一副眼镜。

他创立的公司名叫创新科技，从名字上可以看出，这家公司有远大的发展目标。

20世纪80年代初，个人计算机业的蓬勃发展让每个人都欢欣鼓舞，电脑极大地提高了人们的工作效率，尤其在进行科学运算和文件编辑时。

对此，沈望傅表现得颇为冷静。“这是一个哑巴。”看着一台无声台式电脑，他对同事们说道。

很快，他就发明了一种叫声卡的硬件。打开电脑机箱，用导线来连接电脑与声卡，就能使电脑发出种类丰富的声音。与此同时，在行业内，还有很多人也在从事相同或类似的研究和开发工作，所以在一定程度上说，这是一场你追我赶的竞赛。

1992年6月，在全球电脑行业展会上沈望傅展示了他的声卡。

当时世界各地的游戏开发商们都在研制品质卓越的电脑游戏，而高品质电脑游戏对音质的要求颇高，激情澎湃的主题音乐及丰富而又刺激的音效，都是高品质游戏体验中不可或缺的一部分。

这家微型创新科技公司，很快就成为世界各地人们谈论的焦点，他们开发的声卡，在市场上供不应求，好评如潮。

高品质的游戏音乐很快成为游戏开发商们的新宠。在2000年之前，电脑制造商就知道，当人们购买电脑时，内置声卡将成为一个必需品。

下次，聆听着电脑上播放的音乐时，我们要感谢沈望傅和他的创新科技公司研发了声卡，改变了电脑无声的历史。

第八章

研究的诀窍和方法

我希望你们会喜欢上这些故事，并从中获益。在很多情况下，**我们在所谓的可靠信息来源中获得的答案往往有误导他人的或错误的内容，**因此我们必须进一步深入研究，来获得更准确的答案。

为什么我们身边的信息来源往往会提供错误的内容？

原因之一是现在有越来越多的信息来自网络。互联网上的内容很多是由用户撰写的，用户这个群体中有各种不同年龄和背景的人，其中有人的撰写不够仔细严谨，就会导致这样的情况，也有一些图谋不轨的人刻意而为之。

过去，我们会在百科全书等纸质书籍中查询事实。这些书绝非完美，但至少是由了解主题内容的专家撰写，且遵循科学规律。这些纸质书籍，在出版之前，出版单位还会进行审读和编辑加工。

现在，大家都可以在付出较少的时间和精力的情况下在互联网发布信息。因此，信息来源变得多种多样，这就需要我们查阅信息时仔细辨别来源和真伪。

这就是互联网目前的情况。那纸质新闻媒体呢？我们也在纸质新闻媒体中发现大量非常有价值的信息，当然也有一些错误的信息。我们将对此进行详细讨论。

我们想说的是：对于信息，永远要保持适当怀疑。

当你读到一些以“事实”呈现的信息时，不要立即去相信。将这些信息作为一些人的结论，然后确定你可以相信的程度。网络上的信息，如果它的目标是让你感到吃惊或愤怒，或引诱你点击一个链接，那你就需要特别小心了。

检查动机

如果你的母亲说："今天真的很冷，穿件外套吧。"你可以给她最高级别的信任。她是你妈妈，她关心你。

如果你看到这样一个广告：在早餐麦片上放上不同的水果，你就可以一整天元气满满。

这时你的头脑要保持适当怀疑：含糖麦片怎么会成为我们推荐的每日份水果蔬菜的一部分呢？我们需要添加水果蔬菜，而不是套餐中的麦片。麦片生产商试图引导我们将他们的产品与健康饮食相联系。我们是不会上当的，是不是？

这样的事情在我们的生活中随处可见：生产商经常绞尽脑汁、想方设法打各种广告来吸引消费者，并以此来提高产品的销量。

对于怀疑的一个忠告

我们在前面说过，适当的怀疑对我们有好处，但这里还有另一个忠告。

请注意，怀疑要适当，不要过头。如果怀疑过了头，你可能会成为一个悲观主义者，一个不相信一切、怀疑一切的人。

悲观主义者是指对生活持悲观态度的人，没有人愿意带着这样一个标签。

英国著名作家爱德华·摩根·福斯特认为，被愚弄好过被怀疑。这句话也值得我们铭记。很多时候信任别人很重要，即使有时会有人让我们感到失望。

真相和选择

我们有时会在互联网上看到，有些发布信息的人会强调某个群体或个体所做的坏事。如果这些信息受到质疑，他们会指出所有内容都是真实的，都可以进行核查。

但我们会发现，这些发布信息的人遗漏或隐瞒了一些细节，导致真相被掩盖。可见选择经常被用于掩盖偏见。

即使个别内容真实，但发布信息的人只选择了负面内容。尽管他们选择的内容都是事实，但他们对这些事实的选择会产生扭曲事实的结果。

事实并不能压倒一切

事实并不能压倒一切，这一点也非常重要。

几乎每个人都会说“善意的谎言”。善意的谎言源于一种同情心，这样做是为了尽量避免在情感上伤害他人。

大部分人都知道牛顿和苹果的故事。一个苹果掉落在他头上，然后他意识到重力的存在。可是这件事从未发生过。

事实上，当时牛顿正好坐在花园里思考天体物理学理论，他意识到同一种力避免了月球离开地球轨道并使水果永远朝向地球中心掉落。这意味着：“自然界中任何两个物体都是相互吸引的。引力的大小与两物体的质量的乘积成正比，与两物体间它们中心之间距离的平方成反比”。这就是著名的万有引力定律。

这比想象一个苹果掉落在牛顿头上，并使他“发现”重力要简单得多。如果学生不需要知道所有技术细节信息，老师通常会采用这个“善意的谎言”的版本！

对可靠信息来源的偏见

维基百科是目前最受大众欢迎的在线百科全书之一。

但对维基百科或类似来源的内容需保持适当怀疑，有时保持严重怀疑。

维基百科的撰写者大多是西方人，且大多是男性，他们有一种被称为“中间偏左”的倾向和一种被称为“西方科学唯物主义”的文化信仰。

这样导致我们通常会见到关于琐碎话题的长篇大论，比如影视剧《星球大战》中所用的光剑，而一些具有历史性的重要文化主题，如与非洲相关的主题，我们却极少或根本没有见到过。

对于中国的针灸等医疗方法在维基百科中被列为“伪科学”等。

在这些问题上，我们对维基百科或类似来源的内容，要保持严重怀疑，要尊重事实依据，全面了解信息。

对科学的过度信任

你会发现在本书中，我们有时会放弃互联网而从学术期刊或学术论文中寻找答案。

这些学术期刊或学术论文似乎比大众新闻或在线百科全书更值得信任。

但是，“对于信息，永远保持适当的怀疑”的原则在这里也同样适用！

许多人似乎认为，科学家在某种程度上凌驾于伦理道德之上，导致他们在学术期刊及学术论文以外的领域出现问题。

任何在学术期刊或学术论文上花费时间的人都知道，科学家与其他所有人一样，大部分都是认真负责、勤勤恳恳地工作，但也有一部分人在论文中会浑水摸鱼、偷工减料，强加其自身偏见和臆想。只是相比于其他行业者，人们更信任科学家，然而科学家也不能过度信任。

对阅读研究性论文的一个提示

你可能看到一篇研究性论文：《地球自转正在加快》。

你在相信这个信息之前，需要花点时间看看是否有另一篇研究性论文有一个不同的甚至相反的结论。

你很快就会发现有一篇论文：《地球自转正在减慢》。

两篇论文声称都有强有力的证据来支持各自观点。

因此，与其采纳个别科学论文的观点，不如去查询文献综述。你经常可以看到所谓的“超研究”论文，即对同一主题各种系统化研究结果综合分析和研究后获得的论文。

传媒产业

传媒产业正式发布的信息肯定比互联网上的非正式信息来源更值得信任。

但是我们还是要注意一些要点。

第一，像西方几乎所有报纸、图书或电视新闻频道都有一种这样或者那样的“政治倾向”。在美国，人们普遍认为至少有75%的主流媒体倾向于“中间偏左”，他们可以按照自身的喜好自由地倾向。因此，从事研究工作的人员必须要事先了解这一点。

第二，传媒产业是一种商业形式。他们的目的不是仅仅将真相公布于天下，也要通过销售报纸、图书或获得经济效益。

公共舆论

公共舆论，是相当数量的公民对某一问题具有共同倾向性的看法或意见。它往往反映一定阶级、阶层、社会集团的利益、愿望和要求。

记者可以自行来决定报道的最终结论。例如，结论可以是："居住某社区的人生活非常幸福。"然后记者花一个小时在街上面对摄像机或录音机做简短采访。

然后，记者选择所有支持他观点的答案，删除所有不支持他观点的答案。当你看到一篇提及"普通人"的书面新闻报道，或在一个电视新闻报道节目中看到记者随机采访路人，你应该知道这两种情况都是一种引导公共舆论的形式。

这些内容都是要保持怀疑的，因为看起来似乎是科学的、以证据为基础的和值得信任的，但真实的情况恰恰相反，所以研究人员应该学会辨别这些内容。

两种最佳资源

我们还未提及两种最佳资源，恰恰是这两种资源使图书馆成为我们成功的基石。

一种最佳资源是图书馆管理员。当我们参与图书馆午休问答赛时，向图书管理员寻求帮助就是作弊。但你们没有这个限制，可以等到他们不忙的时候，寻求帮助就可以了。图书馆管理员接受过与信息查询有关的培训，他们经常能够为一

个研究项目节省时间。他们大都是很友善的人，对人都非常真诚和友好。

通常图书馆管理员可能会对图书馆中最好的书很少被借阅而感到沮丧，因此他们一般很乐于帮助那些认真从事研究工作的学生。

另一种最佳资源是你自己的热情。如果你对某件事感兴趣，你就能够取得令人惊叹的成就。我在大学读书的时候，找到了我喜欢的书籍类型：科学和生态学，然后坐在图书馆阅读相关书籍。我几乎读遍图书馆里所有相关的书，一本又一本，翻阅了整个书架，一册又一册，日复一日，年复一年。

老师们见我学习如此努力，对我赞不绝口。这些书的内容都很有意思，引人入胜，让我充分地享受到阅读的乐趣！

开发内置式测谎仪

你可以从以上几点看出，对来自互联网、主流媒体，甚至学术期刊中的事实内容保持适当怀疑是对的，不能无条件地相信其中任何一方。

那我们应该相信谁呢？

你应该相信你自己和你身边值得信任的人。

对于你正在研究的特定事实，你应该从各种角度，从尽可能多的信息来源中获得真实的信息，然后倾听你自己的“直觉”。如果你学会仔细地倾听，并对人们的动机加以思考，你就可以凭直觉判断出哪些信息来源与事实不相符，哪些信息来源是值得信任的。

阅读时，用你的眼睛、你的大脑和你的心灵去“倾听”所

得到信息，学会洞察其背后的动机。很快你就会发现，在你的眼睛和耳朵里好像各安装了一个非常棒的内置式“测谎仪”。

最终结果是什么？

可喜的是，当我们过滤掉互联网和其他媒体上的所有“杂质”时，我们发现了大量隐藏在书籍和在互联网中精彩的、不为人知的真实故事。

编写并出版这本书的过程让人感到非常欣慰，因为书中有很多引人入胜的故事还不为大多数人所知。

本书中的内容是尚需完善的

最后一点，在科学研究中，必须不断假设现有的发现是错误的、有纰漏的信息，这也包括这本书中的内容。

根据目前所具备的知识，我们认为，这本书中的故事都是真实的，但其中一些在不远的将来将会被人推翻，甚至被我们自己推翻。科学研究就是这样。这不是一个问题，这只是整个过程的一部分。

轮到你了

现在轮到你了。为什么不做自己感兴趣的研究项目，看看你能发现什么呢？

你只需要做一件事：去图书馆阅读。

尽情地享受阅读带给你的乐趣吧！